Empantallados

Empantallados

Cómo educar con éxito a tus hijos
en un mundo lleno de pantallas

M.ª José Abad Villagra,
Rocío García de Leániz,
Luisfer Martínez Alhama,
José Martín Aguado

VERGARA

Penguin
Random House
Grupo Editorial

Primera edición: septiembre de 2022
Segunda reimpresión: febrero de 2023

© 2022, Empantallados.com
© 2022, Penguin Random House Grupo Editorial, S. A. U.
Travessera de Gràcia, 47-49. 08021 Barcelona
Ilustraciones: Ignacio Susperregui Erauskin

Printed in Spain – Impreso en España

ISBN: 978-84-18620-90-4
Depósito legal: B-11.824-2022

Compuesto en M. I. Maquetación, S. L.

Impreso en Gómez Aparicio, S.A.
Casarrubuelos (Madrid)

V E 2 0 9 0 4

Índice

A modo de prólogo

¡Hola! Si estás empezando a leer este libro es que eres un valiente (o una valiente) y crees que es posible educar en un mundo lleno de pantallas; o que al menos merece la pena intentarlo. Enhorabuena, porque ese es sin duda el primer paso: tu actitud para querer integrar el entorno digital de una manera proactiva en la educación de tus hijos.

Los padres y los educadores nos enfrentamos con frecuencia a una batalla interior constante porque oímos mensajes contradictorios. Muchas veces pensamos en la educación con respecto a las pantallas como blanco o negro. Las corrientes de la opinión pública no ayudan; pasamos de un extremo a otro con relativa facilidad: de promover el acceso a una pantalla desde que nacen a defender que lo mejor es que no tengan móvil hasta los dieciocho años.

La realidad probablemente se parece más a una escala de grises. En España, a los diez años, un 20 por ciento ya tiene móvil propio; a los doce años, un 67 por ciento, y a los catorce años, más de un 90 por ciento.[1] Esta situación conlleva algunos riesgos que querríamos evitar y muchos retos pendientes para conseguir una convivencia saludable con la tecnología. Aunque todavía hay muchas incógnitas sobre cuál es el mejor modo de educar en un mundo lleno de pantallas, también hay muchas certezas.

En Empantallados llevamos más de cinco años dedicados a escuchar las dudas y las preocupaciones de padres y madres; a investigar

---

1. Instituto Nacional de Estadística, «Encuesta sobre equipamiento y uso de Tecnologías de Información y Comunicación en los hogares», 2021.

cuál es el impacto de las pantallas en la vida familiar, y a hablar con numerosos expertos de la educación, la salud y la tecnología.

Lo cierto es que la mayoría de las situaciones que nos plantean los padres son similares. Y lo que a primera vista parece imposible de solucionar... puede mejorarse cambiando determinados hábitos y teniendo en cuenta algunas propuestas que encontrarás en estas páginas.

UNA OPORTUNIDAD PARA EDUCAR

Nuestros hijos no han elegido nacer ahora, pero nosotros sí tenemos la responsabilidad de acompañarlos. Quizá no sea una tarea fácil, pero sabemos que si tú como padre o educador te implicas, muchas cosas cambiarán.

En primer lugar, es difícil porque no tienes una tradición familiar previa a la que apelar en caso de duda: ¿cómo hacía mi padre o mi madre para que no usase tanto el móvil?, ¿cómo gestionaba mi abuela las comidas familiares con tanta pantalla?

Y, en segundo lugar, está claro que cada época tiene su afán y sus retos educativos propios. Nicholas Carr, famoso por su artículo «Is Google Making Us Stupid?» y su libro *Superficiales*, subraya que internet está modificando nuestro cerebro. Es verdad que un uso abusivo de las pantallas puede perjudicarnos, pero es interesante ver como ese mismo autor reconoce que en la época de Sócrates muchos se llevaron las manos a la cabeza con la introducción de la escritura, que consideraban una amenaza que los convertiría en «pensadores menos profundos».

«Mucho mejor que una palabra escrita en el agua de la tinta es una palabra grabada por la inteligencia en el alma del que aprende», afirmaban. Esta sentencia es el reflejo de las tensiones creadas por la transición de una cultura oral a otra escrita. Hoy día resulta obvio el valor de la alfabetización y nadie querría ser analfabeto... Estamos convencidos de que, igual que la escritura y los libros, las pantallas son una herramienta que, bien utilizada, puede llevarnos muy lejos.

A raíz del confinamiento por la COVID-19, la tecnología nos demostró su gran capacidad para permitirnos estar conectados, trabajando, con clases online... (¡qué diferente hubiera sido el confinamiento sin internet!). Pero también nos hemos dado cuenta de que es más necesario que nunca pararse a reflexionar sobre cuál queremos que sea el papel de las pantallas en nuestra vida y en la de nuestros hijos: aprovechando todas las potencialidades y canalizando las facetas que no son tan positivas. Puede que se te haya ido de las manos el uso que hacéis en casa de las pantallas, pero nunca es tarde para poner un poco de orden.

El momento es ahora; nunca es
demasiado pronto y nunca es demasiado
tarde para empezar.

En definitiva, la tecnología y el entorno digital pueden ser una gran oportunidad para educar. También en muchos aspectos que a primera vista no tienen nada que ver con las pantallas sino con educar el carácter de los más jóvenes, y que los llevarán a ser más felices hoy y en el futuro.

¿QUÉ ENCONTRARÁS EN ESTE LIBRO?

Nuestra intención es que este libro te ayude en tu tarea educadora, por lo que hablaremos no solo de lo que caracteriza a esta nueva generación (el diagnóstico), sino cómo poder educarla (pautas educativas, que puedas poner en práctica a partir de hoy mismo). Subraya y toma notas de lo que más te ha llamado la atención y podrás incluirlo en el Plan Digital de tu familia, que crearás en la segunda parte.

Asimismo, queremos que este libro te sirva como manual de consulta: podrás acudir al índice por edades y también a la sección de preguntas frecuentes.

Es un libro que quiere acompañar a padres y educadores en las diferentes fases: podrás regalarlo a alguien que acaba de tener un hijo, o a quien te comenta que no sabe qué hacer con su hijo adolescente que no suelta el móvil. Además, te ayudará a ti a tener una relación más consciente con la tecnología.

¡Empezamos!

Introducción: ¿una cuestión de tecnología o una cuestión de educación?

No nos sorprende estar en un restaurante y ver como el niño de la mesa de al lado abre absorto la boca mientras su padre sostiene con una mano el smartphone y con la otra trata de atinar la cuchara dentro de la boca del pequeño.

Tampoco nos impresiona ver en una sala de espera la tranquilidad de un niño de cinco años mientras sus pulgares se mueven ágilmente por la tablet para matar marcianos.

Niños que saben hacer *scroll* antes que hacer la pinza con los dedos para sostener un lápiz. Apps educativas que prometen horas de sosiego a los padres mientras los niños aprenden idiomas, números o letras a ritmo de animaciones y canciones.

La tecnología nos acompaña en la educación de nuestros hijos como si fuera un miembro más de la familia. Interactúan con ella, ríen, se asombran y lloran si no les dejamos estar más tiempo junto a ella. ¿Es buena esa *nanny* digital que nos permite hacer un descanso mientras nuestros hijos parecen estar aprendiendo siempre algo nuevo?

Si educar significa ayudar a nuestros hijos a crecer como personas para que sean felices, ¿busca la tecnología ese mismo objetivo?

Como padres, sabemos que la educación es una carrera de fondo cuya culminación no se vislumbra hasta pasado un tiempo. Desafíos, progresos, errores, alegrías, metas que parecen lejanas, objetivos que no creíamos alcanzar y que un buen día están presentes en la rutina de nuestros hijos.

La clave de educar no es otra que querer educar. *Querer* que nuestros hijos sean mejores revela un deseo, un acto voluntario en el que somos responsables del compromiso que hacemos desde la razón y el corazón. No hay tecnología diseñada para eso. El algoritmo educativo se encuentra en nosotros mismos: los padres.

EL ENTORNO EDUCATIVO: HOGARES MULTIPANTALLAS

Según nuestro informe «El impacto de las pantallas en la vida familiar», publicado en colaboración con GAD3, cada hogar español aglutina una media de cinco dispositivos. Si lo pensamos en frío, en cada casa hay más pantallas que hijos, más pantallas que mascotas o más pantallas que dormitorios. ¿Qué desafío educativo supone esta situación?

Empezando por asumir que esto lo hemos querido así nosotros mismos, nos encontramos ante una realidad que hemos decidido incorporar libremente en nuestro entorno familiar sin protocolos ni manuales de uso. Hemos pensado de antemano que estos dispositivos digitales son siempre una mejora de calidad de vida y de confort familiar: smartphones de última generación para hacer videollamadas con familiares, pantallas de plasma para ver películas en HD como en el cine, sistemas para programar la calefacción a distancia, tablets para leer toda la prensa desde el sofá, videoconsolas para que nuestros hijos jueguen con sus amigos...

Sin darnos cuenta, poco a poco, todo ello nos configura y está determinando nuestra manera de concebir el mundo y de cómo relacionarnos con él. Si la era digital lleva en sí el sello de la innovación y la facilidad para la comunicación, ¿cómo no va a afectar este entorno a la educación de nuestros hijos? ¿Cómo podemos educar en la era de la inmediatez en que la paciencia, la tranquilidad o el tiempo libre brillan por su ausencia?

SIN TRADICIÓN DIGITAL, TODO ES POSIBLE

Como todo reto educativo, los padres del siglo XXI debemos manejar recursos sencillos y eficientes que nos ayuden a alcanzar nuestro objetivo a largo plazo. Para bien o para mal, como ya hemos comentado, no tenemos una tradición tecnológica familiar a la que apelar en caso de duda. Ese *modus operandi* que guardamos en nuestra memoria de la manera en la que se hacían las cosas en nuestra casa y que sienta las bases sobre la educación que el día de mañana nuestros hijos querrán transmitir a los suyos.

Crear esa tradición desde cero supone un desafío mayor, ya que hay que trazar un mapa mental por adelantado de cómo queremos que nuestros hijos se relacionen con la tecnología desde que nacen hasta que se independizan. Sabemos que el objetivo es el uso responsable y equilibrado que los haga ser mejores personas, pero ¿cómo sabemos si lo estamos consiguiendo a los tres, seis o quince años? ¿Puede un hábito adquirido con tres años determinar la manera en que nuestro hijo conciba la tecnología con quince?

Existen muchos caminos para llegar al mismo objetivo, pero desde nuestra experiencia en Empantallados queremos proponerte tres reglas del juego que es recomendable que todo padre/madre tenga presentes en la educación de sus hijos en entornos digitales:

1. **Actitud proactiva:** ya no basta con decir «no quiero que mi hijo toque un móvil hasta los dieciocho». La tecnología no es una moda pasajera que será sucedida por otra (además, la pandemia lo ha acelerado todo). Nuestros hijos vivirán en ese entorno multipantalla con total naturalidad, por lo que nosotros debemos adelantarnos y trazar ese mapa de ruta que queremos que sigan de nuestra mano. Se trata de pasar de la pre-ocupación a la ocupación, siendo nosotros los responsables últimos de lo que ocurre en nuestra casa. ¿Quién manda en tu casa: nosotros o las pantallas? Hacernos de vez en cuando esa pregunta nos puede aclarar si estamos poniendo en práctica esta actitud.

2. **Informados ante todo:** sin información no hay formación y sin formación, no hay libertad de decisión. Tenemos que acudir a las fuentes fiables que nos garanticen que lo que estamos leyendo no es publicidad encubierta. Por ejemplo, hoy en día existen muchas apps que prometen multitud de beneficios para tu bebé, pero la pregunta es: «¿Quiero que mi bebé juegue con una app?». En Empantallados tenemos como tarea ayudar a los padres a formarse un criterio y estar al día.

También en estas páginas te hablaremos de otros expertos y fuentes de referencia.

3. **Recursos prácticos offline para lo online:** parkings de pantallas, plan digital familiar, contratos para el móvil o los videojuegos... Para educar en entornos digitales tenemos que apoyarnos en recursos creativos tangibles offline que sean prácticos y divertidos. El mundo online promete horas y horas de entretenimiento sin límites, por eso desde nuestro hogar tenemos que ponerlos nosotros de manera natural con recursos creativos a modo de juego. Sí, los límites también pueden ser divertidos si sabemos cómo implementarlos. A lo largo de estas páginas te enseñaremos cómo hacerlo: están identificados con el icono 🗐 y puedes descargártelos todos en www.empantallados.com/libro.

Teniendo claras estas tres premisas, ya podemos empezar a esbozar nuestro mapa educativo tecnológico. Para trazarlo, tan solo hay que tener claros cuáles son los desafíos del entorno en que nos movemos y los pasos que hay que ir dando según la edad de tus hijos. Pero recuerda: no estás solo en esta tarea. En Empantallados queremos ir contigo de la mano.

SOCIEDAD TECNOLÓGICA VERSUS DESAFÍOS EDUCATIVOS

Tener claro cómo son las inercias de la sociedad tecnológica de hoy nos ayuda a conocer más a fondo el escenario donde vamos a educar a nuestros hijos. Si analizamos el entorno y detectamos sus desafíos, podremos trabajar con mayor acierto algunos aspectos educativos que ayudarán a nuestros hijos a desenvolverse mejor. Lo resumimos en cinco puntos:

- **Gratificación instantánea:** del deseo a la materialización hay un paso: un clic. Vivimos en una sociedad donde se consume mucho y rápido. Lo quiero, lo tengo. No hay tiempo para sopesar los pros y los contras. Para evitar lo que la experta en tendencias María Zalbidea llama «niños Amazon» debemos insistir mucho en ejercitar desde casa la paciencia. ¿Cómo? No dar inmediatamente lo que piden puede ser un buen comienzo.

- **Fracaso en la gestión de la abundancia:** la sobreinformación a la que estamos expuestos en la era de internet acaba, paradójicamente, por desinformarnos. Ante el exceso de información nos colapsamos y acabamos siendo vulnerables al engaño. Si a nosotros nos pasa, ¿cómo no les va a pasar a nuestros hijos? Para ello es importante que les enseñemos desde muy pequeños a elegir y saber discernir lo importante. Podemos empezar por limitar las ofertas. En vez de darles a elegir entre el catálogo infantil de Netflix, darles dos opciones concretas: A o B. De esa manera se sienten autónomos y seguros (ellos son los que están eligiendo).

- **Preferencia por lo superficial:** Siri te recuerda eventos, *wazeamos* para llegar a un destino, *googleamos* información o *wikipeamos* datos históricos. En tres palabras: nos cuesta profundizar. Al tener todo a golpe de clic de manera inmediata eso nos hace prescindir de la memoria. Para que a nuestros hijos no les suceda, tenemos que practicar más en casa las actividades de esfuerzo, tiempo de lectura prolongado (más de diez minutos), juegos de memoria visual, memorizar canciones, etc.

- **Economía de la atención:** nuestra atención y nuestros datos personales son la moneda de cambio de la industria tecnológica. La capacidad de retener nuestra atención es el modelo de negocio actual por antonomasia. Por ello, para contrarrestar esta inercia tenemos que insistir desde casa en la importancia del aprovechamiento del tiempo. Tres horas haciendo *scroll* no resulta edificante para nadie. Bueno, sí, solo para las empresas tecnológicas...

- **Adictos a las emociones:** nuestra sociedad está expuesta constantemente a experiencias vibrantes. Viajes, actividades de ocio nocturnas, productos que te prometen vivir emociones intensas. No sentir ni vivir todo ello te hace ser un perfil inanimado sin likes poco interesante de seguir en las redes sociales. Debemos cuestionar esta burbuja vibrante de felicidad y enseñar a nuestros hijos que a veces lo auténtico es amigo de la no exposición. Y si de paso los ayudamos a gestionar el aburrimiento desde casa, estamos ejercitando dosis de creatividad y mundo interior, mucho más rico que cualquier experiencia «vibrante» de su alrededor.

Con estas pinceladas del escenario donde nos movemos, sabiendo que cada inercia social puede ser contrarrestada desde casa con pequeños gestos, vamos a ir avanzando en nuestro mapa educativo tecnológico.

La tecnología ha llegado para quedarse,
aprovechémosla como una oportunidad
para educar.

La educación que no tenga en cuenta el entorno digital no será una educación completa. Entender el papel de la tecnología en sus vidas es el primer paso, que intentaremos abordar en las siguientes páginas.

PRIMERA PARTE

Educar en una montaña rusa de emociones

En esta parte te contaremos los principales rasgos de esta generación y cómo tenerlos en cuenta en la educación de tus hijos. En segundo lugar, haremos un recorrido por las diferentes edades y cómo puedes acompañar a tus hijos en el entorno digital. Por último, dedicaremos un capítulo a los padres y educadores.

#1

Radiografía de una generación

Los niños del «todo ya»

Si hace cien años hubiésemos preguntado a nuestros antepasados qué cambios se imaginaban en el futuro, muy pocos habrían predicho que podríamos pedir cualquier cosa a través de una pantalla y que nos llegaría en unas horas a la puerta de casa. Hemos presenciado la irrupción de novedades tecnológicas en muy poco tiempo y hay una gran diferencia entre la infancia que vivimos nosotros y la que viven nuestros hijos. Algunas de estas diferencias son evidentes, como el acceso a internet o la posibilidad de crear vínculos con personas totalmente desconocidas desde casa. Y las consecuencias de estos cambios que hay que tener en cuenta en nuestro modo de educar son innumerables.

La relación entre un niño y sus padres, para un extraño que lo mira desde fuera, es muy curiosa. Todos hemos vivido situaciones complicadas que requieren un «por hoy ya es suficiente». Desde moderar la comida a atender las preguntas interminables de los más pequeños. La naturaleza del niño lo lleva a pedir más y nuestra responsabilidad como padres consiste en ayudarlo a dimensionar sus necesidades, a descubrir qué puede esperar hasta el día siguiente y a agradecer lo que tiene ahora.

En este contexto, internet genera un nuevo modo de pedir más. Un modo que no se acaba nunca, que no requiere la disponibilidad de un adulto y que, por otra parte, nunca nos dice «por hoy ya es suficiente».

Imagínate que puedes volver a tener ocho años. Y que los programas de televisión no solo están disponibles para ti cuando quieras, sino que además no tienen ni anuncios. Al menos, las series de nuestra infancia nos obligaban a esperar cinco o diez minutos para saber cómo acababa el capítulo. Pero ahora podemos verlos todos seguidos sin que nada nos interrumpa.

¿QUÉ SIGNIFICA TENER ACCESO A TODO EN TODO MOMENTO?

La disponibilidad inmediata que ofrece internet se encuentra en lugares como el consumo de productos o el acceso a aprendizajes o nuevos descubrimientos. Ver una serie, comprar un juego o buscar respuesta a preguntas son tres actividades que ya no significan lo mismo que antes.

Por ejemplo, según la edad que tengas, seguro que has tenido que enfrentarte a elementos milenarios tales como una enciclopedia, la lectura de un libro o preguntar a algún adulto para resolver cuestiones tan importantes como «¿dónde viven los dinosaurios?». Pero tus hijos ni siquiera saben que estas posibilidades existieron. Ahora solo les hace falta ver un vídeo o leer uno de los primeros resultados en Google para satisfacer del todo su curiosidad.

La inmediatez y lo efímero
La inmediatez y lo efímero tienen muchas manifestaciones en internet. Estos son algunos ejemplos, a modo ilustrativo:

- **Los memes.** Un meme es una pieza cerrada de información que incluye códigos de lectura, lugares comunes, referencias y humor en una sola frase, imagen o vídeo breve. Los memes son modos de comunicar mucho en muy poco espacio. Y además tienen una caducidad rápida. Los memes dejan de hacer gracia al poco tiempo y son sustituidos por nuevos memes que obligan a estar al día para poder utilizarlos como elementos de comunicación.

- **Los videojuegos *freemium*.** Es muy interesante observar cómo funcionan muchos videojuegos que se dicen gratuitos, que ganan dinero a través de contenidos premium (de ahí su nombre, mezcla de *free* y *premium*). Sus ingresos proceden de la venta de cosméticos efímeros (skins, objetos, etc.) o de la comercialización de pases o beneficios que no afectan directamente al modo de juego, sino a la percepción que otros jugadores tienen sobre nosotros dentro de la misma plataforma.

- **Los contenidos en directo.** Una de las tendencias evidentes del contenido en internet son los *live* o directos. Contenidos creados en el momento y pensados para consumirse en ese instante. Pudimos verlo en aplicaciones como Snapchat, en los stories de Instagram que desaparecen a las veinticuatro horas o en plataformas de streaming como Twitch. Cada vez, el contenido en internet es menos atemporal y está más marcado por el consumo en tiempo real. Llegar tarde es un modo de perder interés por el contenido.

Estos son solo algunos ejemplos de la inmediatez en internet. Pero lo relevante del nuevo contexto es preguntarnos cómo afecta al modo de ser y de pensar de nuestros hijos. Si puedo responder a cualquier pregunta con solo buscar en internet, ¿por qué tendría que dedicar tiempo a preguntarme cosas? ¿Se puede ser original en un contexto en el que todo está inventado o al menos lo parece? ¿Por qué tengo que esperar hasta conseguir algo si está en Amazon y puedo pedirlo ya?

4 CLAVES PARA REFORZAR LA PERSONALIDAD Y LA MADUREZ DE LOS NIÑOS DEL «TODO YA».

Las principales capacidades que quedan al descubierto en este contexto son la paciencia, la curiosidad, la mentalidad crítica y la moderación.

Paciencia y aburrimiento

¿Por qué estar aburridos cuando podemos no estarlo? Buscar el aburrimiento parece una contradicción absurda. Pero, al mismo tiempo, sabemos que el aburrimiento es absolutamente necesario para querer aprender más, para descubrir nuevas aficiones e intereses o para aprender a estar solos sin sentirnos tristes.

Estar aburridos no es malo. El aburrimiento supone un contexto lleno de oportunidades y a la vez resulta necesario. El temido «me aburrooooo» de nuestros hijos puede servir para llenarlos de ilusión por aprender. Aburrirse, al fin y al cabo, significa querer algo más grande, mejor o más nuevo. Y conformarse es, a medio plazo, más aburrido que aburrirse.

Nuestros hijos no pueden ser pacientes si no los ayudamos a moderar el tiempo que pasan con las pantallas. Muchas veces no es tan relevante cuánto tiempo pasan con ellas, sino qué están dejando de hacer por esa causa.

Fomentar que tengan proyectos que duren más de un día e insistirles para que perseveren es un modo de hacerlos más pacientes. También es positivo hacer hincapié en los pequeños logros intermedios de cualquier proyecto grande. Al tocar un instrumento, reforzar la magia que hay en saber tocar la primera canción. Al comenzar a estudiar algo, hacerles las preguntas que ya saben responder.

Asimismo, en el tiempo de uso de pantallas, es importante ayudarlos a hacer cosas distintas. A veces invertimos mucho esfuerzo en pedirles que dejen las pantallas cuando sería más útil intentar que hagan algo nuevo con ellas. ¿Por qué no aprender a tocar un instrumento gracias a internet? O ¿por qué no compartes tus libros favoritos y te conviertes en booktuber?[2] Tu hijo puede empezar teniendo una cuenta privada para compartir solo con familiares.

Curiosidad y disponibilidad
¿Cómo conseguimos que los niños sean a la vez curiosos y selectivos? Se trata de una pregunta realmente difícil. Una idea muy interesante es acudir a internet solo después de saber qué queremos buscar, evitando navegar sin rumbo. Por ejemplo, descubrir respuestas a preguntas junto a nuestros hijos nos puede ayudar a mostrarles este modo de relacionarse con la búsqueda.

Si lo llevamos a la realidad, este hábito consiste en sentarnos a su lado cuando nos pregunten algo como «¿por qué desaparecieron los dinosaurios?» para ayudarlos a hacerse más preguntas. Es verdad

---

2. Los booktubers son youtubers cuya temática principal son los libros. Desde recomendaciones hasta librofórums en directo con la comunidad, el contenido de estos creadores es bastante interesante y puede ayudar a apasionarse por la lectura y contar con una comunidad en la que compartir lo que leemos.

que los dinosaurios han desaparecido, pero no te sabes el nombre de ninguno. ¿Quieres aprender algunos? ¿Buscamos un listado de dinosaurios y hacemos una ficha de los que más te gusten?

Mentalidad crítica y volumen de información

Otro riesgo evidente es la capacidad de filtrar información. Cuando éramos pequeños nuestras fuentes de información fueron mucho más limitadas que las actuales. En general, todo lo que nos dijeran nuestros padres, profesores o familiares era nuestra única referencia. Pero ahora el mejor amigo de tus hijos puede ser un youtuber con el que se sienten identificados. Y sus contenidos pueden tener la capacidad de influir muchísimo en tus hijos. ¿Cómo podemos saber qué es verdad? La mentalidad crítica es una capacidad muy importante en nuestros hijos y resulta realmente difícil de formar.

En los primeros años, tenemos que ayudarlos a preguntarse por qué, a que nos cuenten las dudas que les surjan y estar abiertos a más conversaciones que las que nuestros padres tuvieron con nosotros. No podemos filtrar toda la información que consumen, pero debemos mostrarnos disponibles y abiertos frente a cualquier pregunta, sin que se sientan juzgados, para que desde pequeños sientan que pueden contárnoslo todo y que vamos a ayudarlos a reflexionar.

Moderación y apetencias

Como hemos dicho antes, lo propio de cualquier niño es quererlo todo. Y nuestro deber, ayudarlos a moderarse. Cada familia tiene sus modos de llevar esta tarea a cabo, aunque hay algunas pautas generales que pueden servirnos para diferentes situaciones.

No dar inmediatamente lo que nos piden de modo habitual es importante para que aprendan que querer algo y tenerlo son partes distintas de la misma ecuación. A veces no podemos tener cosas que queremos, pero esto no tiene por qué llevarnos a sentirnos frustrados o tristes. Nadie en el mundo tiene todo lo que quiere y es más relevante aprender a agradecer lo que ya tenemos. Si tu hijo manifiesta un tono habitual de queja constante, es un indicador de que no sabe disfrutar con lo que tiene.

Cuando tus hijos pidan un juguete nuevo, piensa si la necesidad que tienen puede cubrirla alguno de los que ya poseen. O cuando sea el momento de comprarles ese juguete que tanto desean, ayúdalos a valorarlo y a entender que es un privilegio. De este modo, cuando lleguen las pantallas, la relación con las mismas partirá de esta premisa. Tienes una pantalla (que no tiene que ser el último modelo), es un privilegio y tiene unas reglas de uso que vamos a pactar sin tensiones.

La autoestima delegada. ¿Cómo conseguir una sana autoestima?

Quererse a uno mismo es un concepto fácil de entender. Y muy difícil de vivir. Ni siquiera los adultos somos capaces de hacerlo a veces. Es un proceso: durante toda la vida aprendemos a conocernos, aceptarnos y querernos[3] como somos, y a ser capaces de hacer lo mismo con los demás.

La autoestima tiene implicaciones cruciales para la vida y, en gran parte, se fundamenta en nuestros primeros años de existencia. Nuestros hijos necesitan quererse a ellos mismos para evitar complejos, para descubrir su personalidad y desplegar todas sus capacidades. Hasta aquí, las pantallas no han cambiado nada.

¿Por qué hablamos de autoestima en un libro sobre pantallas? Porque las pantallas tienen una relación directa con la autoestima. Especialmente en algunas edades. Nuestros hijos pueden ser más o menos felices y tener más o menos ganas de aprender, crecer y relacionarse socialmente dependiendo de cómo usen las pantallas.

SER UNA CELEBRITY SIN SALIR DE CASA. Y SIN QUE TUS PADRES LO SEPAN

El mundo de nuestros hijos no cuenta con una barrera que nosotros sí vivimos: la frontera entre lo público y lo privado se ha difuminado. Hoy en día seguimos a personas anónimas que cuentan su vida en internet, somos capaces de contar todas las intimidades que quera-

---

3. Sobre estas tres fases habla la psiquiatra Ana Mas en su libro *Conócete, acéptate, quiérete*, Barcelona, Bruguera, 2021.

mos a un público general que puede incluir a cualquier curioso, y estamos expuestos a recibir comentarios, también, de cualquiera.

Como ya sabemos, la autoestima es una mezcla de valoraciones externas e internas. No vamos a entrar a definirlas exhaustivamente, pero lo que nos interesa ahora es reconocer que cómo nos perciben los demás afecta a nuestra autoestima y que vivimos en un contexto en el que cualquiera puede decirnos qué piensa sobre nosotros. Aparece un fenómeno que podría llamarse «autoestima delegada», porque delego mi valor en lo que los demás piensen o digan de mí.

Otra de las ideas clave es que, en el acto de compararnos con los demás, los modelos de persona que tenemos delante parecen más cercanos, directos e íntimos que nunca. Pensemos en una niña que sigue a su influencer preferida. Puede que su sensación sea la de compartir una relación casi de amistad profunda. Sabe todo lo que le gusta, lo que hace a diario y qué piensa sobre numerosos temas. Y además le encanta. ¿Cómo no van a ser amigas?

O pensemos en un niño que publica su día a día sin mucho filtro. Sus seguidores son una comunidad que pertenece a lo más íntimo de su vida. ¿Por qué no compartir con ellos que hoy se siente mal? ¿Por qué no iba a contarle a un amigo anónimo que hoy ha discutido con sus padres?

Los niños y las niñas que navegan por internet sin filtro y sin proteger su intimidad están absolutamente expuestos y a veces son extremadamente vulnerables. Cualquiera puede hacer que se derrumben o que se sientan como reyes. Por eso, nuestros hijos pueden ser celebrities incluso con cuarenta y cinco seguidores. Esto dependerá del nivel de exposición de su vida que lleven a cabo y según cómo afecten las opiniones de los demás al modo de verse a sí mismos.

LLEGAR ANTES

Es muy difícil valorar el nivel de autoestima de nuestros hijos y por lo general nos preocupa a partir de una consecuencia extrema. Somos conscientes de que a nuestros hijos les falta autoestima cuando reconocemos algo externo que no nos gusta: una bajada en el rendimiento académico, una actitud especialmente distante en la familia o una tristeza patente que no sabemos cómo remontar.

Por eso, es importante preguntarnos anticipadamente cómo podemos aumentar la autoestima en nuestros hijos, porque nunca está de más y porque es más difícil recuperar una autoestima dañada que promover una sana autoestima.

Fernando Alberca, experto en educación y colaborador de Empantallados, habla de ello en un artículo titulado «Que el primer like lo reciba en casa», y esta idea es el mejor modo de favorecer la autoestima de nuestros hijos.

Es importante recalcar las cosas que
hacen bien, descubrirles sus méritos
y logros para que nuestra relación
no se base solo en corregir, echar en cara
o resaltar defectos.

En un mundo en el que todo lo que publicamos recibe likes que impactan directamente en la percepción sobre nosotros mismos, los padres tenemos la labor de decirles a nuestros hijos algo tan sencillo como: «me gustas» como eres. Con cosas buenas y malas, con defectos y virtudes y con un potencial que queremos ayudarte a desarrollar.

EL EFECTO DE UN LIKE

La hiperestimulación en niños puede provocar ansiedad y dificultad para centrarse en el hoy y en el ahora. Este efecto no solo se da en los más pequeños; nosotros también nos relacionamos del mismo modo con las pantallas y podemos sufrir las consecuencias de un uso desordenado.

Esta hiperestimulación, además, se multiplica cuando publicamos contenido en internet. A todos nos ha pasado, de algún modo. Subes una foto a Instagram y actualizas la página para ver quién le ha dado a «me gusta». Publicas un tuit y refrescas la página constantemente cuando ha tenido algo de popularidad.

Algunos investigadores, como Charo Sádaba, hablan de las redes sociales como máquinas expendedoras de emociones positivas (cuando estoy de bajón acudo a ellas para recibir el apoyo que necesito). Y otros, como la psiquiatra Marian Rojas, afirman que las redes son generadoras de microchispazos de dopamina, la hormona del placer.

Esta sensación de búsqueda de reconocimiento externo se acentúa en los niños, cuya personalidad es más vulnerable. En aquello que publican o que quieren publicar se esconden numerosas conversaciones que podemos mantener con ellos. Desde complejos físicos hasta intereses que nos sorprenderán positivamente. Descubre qué publican tus hijos y por qué lo hacen, qué esperan de los demás. Y ayúdalos también desde el principio a entender que no todo el mundo puede opinar sobre su vida o hacerles daño, que su valía no depende de un comentario externo.

SI ALGO VA MAL, HAY QUE ACTUAR CUANTO ANTES

Si en algún momento detectas que tu hijo está más triste de lo normal o que cualquier cosa de su vida cotidiana se ve afectada por internet, interésate por saber qué le ha hecho daño. Puede haber diversos motivos: sentirse poco valorado porque otras personas de su clase tienen más likes, ser menos popular que otros en una red social, haber recibido algún comentario especialmente negativo de otros compañeros de clase o de alguna persona anónima.

La actuación en estos casos es distinta, pero proponemos algunas pautas que pueden servir para valorar qué hacer.

a) **Problemas de autoestima.** Si tu hijo simplemente se siente mal por ser menos popular que el resto o por considerar que tiene menos carisma, talento, etc., ayúdalo a buscar eso que le gusta. Descubrir su talento lo hará más feliz y dejar de esperar reconocimiento externo también se convertirá en un aprendizaje.

b) **Problemas relacionados con el ciberacoso.** Si tu hijo sufre acoso online por parte de sus compañeros o si alguna persona anónima o ajena a su entorno está acosándolo, lo mejor es denunciar sus perfiles en la red social en cuestión y hacer que nuestro hijo esté más protegido en ese entorno o sacarlo directamente. Minimizar los contactos con personas que estén haciéndole daño es un modo de mitigarlo, aunque también hay otras medidas, como bloquear a la persona y establecer la cuenta como un perfil privado, ayudarlo a supervisar quién le sigue, quién puede comentar en sus publicaciones, etc.

c) **Problemas que afecten a otras esferas de la salud.** Se producen también algunos casos en los que esta falta de autoestima puede generar situaciones de adicción; o trastornos como la anorexia, bulimia, depresión, ansiedad, problemas de autolesiones, etc. En estos casos, lo mejor es consultar a un especialista que nos ayude a afrontarlo y dejarnos guiar por él. Dependiendo de la gravedad y de cómo afecte al día a día de tus hijos hay diferentes maneras de tratar estos problemas. No lo dudes, descartar la posibilidad es mucho mejor que no haberlo tratado a tiempo.

AUTOESTIMA EN POSITIVO

¿Cómo podemos reforzar la autoestima de nuestros hijos de un modo directo y positivo? No hay una sola respuesta, pero existen varios ámbitos que afectan de modo directo a la autoestima y en los que podéis trabajar juntos.

- **Descubrir sus talentos.** Cuéntale a tu hijo qué te gusta de él. Por qué sientes orgullo. Qué lo hace especial. Y todo esto antes de corregir sus defectos. Es más fácil descubrir errores sin perder la autoestima cuando sabemos que alguien nos aprecia y nos percibe como valiosos. También cuando son adolescentes y parece que no lo agradecen.

- **Una inversión a largo plazo.** A veces, algunos comentarios refuerzan la autoestima inmediatamente, aunque otras veces este proceso puede ser bastante largo. Tómatelo como una aventura para toda la vida. Todos seguimos buscando el reconocimiento de nuestros padres siempre, y si tus hijos pueden contar contigo, nunca van a estar solos en esta batalla.

- **Aprender a analizar lo que sienten.** Ayúdalos a diagnosticar lo que sienten y poner nombre a sus emociones. Es importante también que aprendan a distinguir quiénes son seres cercanos y quiénes personas ajenas a su vida o anónimas, para que no dejen que alguien que se oculta tras el anonimato les haga daño. Además, es necesario canalizar el dolor que hayan sufrido hacia un aprendizaje positivo.

Explicarles por qué no deben tener un perfil abierto si prefieren no leer ese tipo de reacciones o por qué ellos no deben hacer lo mismo con los demás. Y a la inversa, cuando un comentario les guste o los haga sentirse mejor, enseñarles a no ser dependientes del reconocimiento externo, a valorarlo como algo positivo, pero no necesario.

Cuando las turbulencias de la adolescencia se juntan con el mundo digital

Ser adolescente ya es una tarea suficientemente difícil. A la necesidad de entenderse a uno mismo y de aprender a convivir con el núcleo social cercano, ahora se suman otros retos. Como los de «estar al día» en el contexto digital y ser popular; o ser capaz de tener un criterio propio mientras las tendencias globalizadas nos llevan a pensar de un único modo y a copiar los comportamientos de los demás.

En este capítulo podríamos hablar de numerosas cuestiones, pero vamos a centrarnos en cuatro temas que creemos que son los que más afectan a la relación padres-hijos en el contexto digital: los tiempos de uso y la autonomía personal; el descubrimiento de la sexualidad y el acceso a la pornografía; la personalidad y la integración en la tribu; la confianza y la comunicación entre padres e hijos.

TIEMPOS DE USO Y AUTONOMÍA PERSONAL

Todo es malo en exceso. Nuestro papel como padres durante la adolescencia es realmente complejo; a veces nos apetece desistir y las pantallas se convierten, casi sin que nos demos cuenta, en uno de los retos más difíciles de afrontar.

El equilibrio deseable consiste en consensuar normas sobre los tiempos de uso y en formar el criterio personal de nuestros hijos con el fin de que el tiempo que pasen delante de una pantalla sea saludable para ellos. Igual que en el resto de los ámbitos de la vida. No solo señalar lo que está bien o mal, sino que comprendan que cada comportamiento tiene consecuencias. Por ejemplo, hacerles ver cómo les afecta un atracón de series o que están más irritables después de muchas partidas seguidas de videojuegos.

¿En qué momento sé que mi hijo o hija está preparado para tener su primera pantalla? Esta es una de las preguntas más repetidas en nuestra comunidad de padres y madres. Y la respuesta no puede ser directa porque cada persona es completamente distinta. No podemos dar una edad estimada, pero sí hay algunas pistas que podemos tener en cuenta para decidir el momento más adecuado.

Una idea muy sencilla puede servirte para tomar la decisión: si ha alcanzado una edad razonable para tener móvil y es capaz de mantener su habitación ordenada de forma constante, puede estar preparado. En el fondo, se trata de descubrir el punto de madurez personal en nuestros hijos que nos asegure que los contenidos que consuman en internet van a ser los adecuados, o que van a ser capaces de moderar el tiempo que dedican a las pantallas.

Esta idea no puede convertirse en la contraria: si ordenas tu habitación durante una semana, te compramos el móvil. Lo más importante es que seas capaz de observar a tus hijos y descubrir en ellos el momento en el que ya están preparados, porque son capaces de tener autocontrol y hábitos estables.

A la vez, cuando les demos su primera pantalla o si ya llevan con ella un tiempo, es fundamental entender su mundo. Saber qué les gusta y por qué, qué piensan sobre los temas que más te preocupen y cómo afrontan los riesgos y retos que son importantes para ti. Te animamos a tener una conversación sencilla con ellos (te puede ayudar el contrato ante el primer móvil), en la que les digas qué te da miedo y por qué para que ellos te cuenten cómo lo afrontan y qué problemas encuentran.

 Recurso disponible en **empantallados.com/libro**

DESCUBRIMIENTO DE LA SEXUALIDAD Y EL ACCESO A CONTENIDOS INADECUADOS[4]

Hablar sobre sexualidad con nuestros hijos a veces es realmente complejo, y si tenemos en cuenta que la edad media de inicio en el consumo de pornografía son los once años, esta conversación se hace todavía más incómoda.

En uno de nuestros pódcast hablamos con Blanca Elía, portavoz de la plataforma Dale Una Vuelta. Esta plataforma se encarga de concienciar y dar información sobre el consumo de pornografía y las consecuencias sociales que genera en todo el mundo. Elía destaca la importancia de la educación afectivo-sexual y asegura que «es mejor llegar un año antes a esta conversación que llegar un solo día después». El motivo es que nuestros hijos deben encontrar en sus padres un lugar seguro en el que hablar de cualquier tema que les afecte.

La confianza que tengan con nosotros influirá decisivamente en cómo afrontar este tema. Algunos consejos prácticos que pueden ayudarte a saber cómo educar a lo largo de la adolescencia en el ámbito de los contenidos inadecuados son los siguientes:

---

4. Todos los datos de esta sección tienen como fuente la plataforma sin ánimo de lucro Dale Una Vuelta. Puedes encontrar sus estudios y más datos relevantes en www.daleunavuelta.org.

1. **Muéstrate cercano y no te asustes.** Es importante que la primera reacción cuando nuestros hijos hablen de temas relacionados con la sexualidad o el consumo de contenidos inadecuados sea de calma y serenidad. Si perciben en nosotros susto o preocupación, la próxima vez que necesiten contarnos algo se lo pensarán mucho o acudirán a preguntar a otro lugar.

2. **La pornografía tiene consecuencias.** El consumo de pornografía genera conductas que pueden alejarse de lo que queremos para nuestros hijos. El 80 por ciento de los jóvenes que ven pornografía tienen comportamientos sexuales agresivos, por ejemplo. En este sentido, tenemos que explicar a nuestros hijos lo que pensamos sobre la pornografía y por qué intentamos ayudarlos a que su percepción sobre la misma tenga un sentido claro.

3. **Háblales del amor en positivo:** es importante mostrar a nuestros hijos una visión positiva sobre la sexualidad. Plantearles un modelo de relación interpersonal resulta clave para que entiendan lo que significa la pornografía en muchos casos. La pornografía establece ficciones que no se dan en la vida real, cuenta con patrones agresivos que pueden ser nocivos para nuestros hijos y en muchas ocasiones plasma conductas poco humanas con respecto a los demás.

PERSONALIDAD E INTEGRACIÓN EN LA TRIBU

La adolescencia es un proceso muy distinto para cada persona, pero entre las cosas comunes se encuentra la necesidad de integrarse en un grupo social o tribu que comparta nuestras inquietudes y nos ayude a desarrollarnos adecuadamente. El acceso a internet ofrece posibilidades que nosotros quizá no hayamos vivido.

Desde conectarse con personas de todo el mundo que comparten nuestros gustos o aficiones, hasta descubrir respuestas a preguntas difíciles que marcan nuestro modo de entender la vida. A todos nos gustaría que la personalidad de nuestros hijos se desarrollara libremente y que no dependiera de la necesidad de aceptación externa, pero a veces esa presión puede extenderse hasta el punto de depender de personas totalmente anónimas.

Nosotros también nos enfrentamos en su día a estos problemas, aunque quizá de otro modo. ¿Quién no ha querido vestir como su actriz o su cantante favoritos? ¿Quién no ha decidido su profesión ideal a partir de un referente completamente aleatorio o externo a su familia? En este sentido, lo que más ha cambiado es el acceso a nuevos referentes. Descubrir a personas que nos llaman la atención y a quienes podemos seguir es ahora un campo infinito y lleno de posibilidades.

El mejor modo de enseñar a nuestros hijos a formar su propia personalidad y desplegarla es interesarnos por sus referentes. Saber a quiénes siguen y qué les atrae de ellos nos dará muchas pistas para impulsar sus talentos y su propio criterio. Nunca te refieras a un creador de contenido que les gusta como «el youtuber ese» o «la chica esa de Instagram»; conoce sus nombres, sus contenidos, y trata de averiguar por qué son importantes para tus hijos.

CONFIANZA Y COMUNICACIÓN ENTRE PADRES E HIJOS

Este último punto nos parece el más importante. Al fin y al cabo, todos los riesgos y oportunidades que ofrece el contexto digital se pueden aprovechar o desaprovechar según la relación y la comunicación que exista entre padres e hijos.

En muchos casos, nos damos cuenta de que la comunicación va mal o que no existe la confianza cuando ya es un poco tarde, pero vamos a proponerte algunas pautas para mejorar estos elementos y recuperar un contexto de diálogo entre las dificultades que ofrece la adolescencia.

1. **Un «te quiero» es el mejor modo de recuperar la confianza.** A veces, lo único que hace falta para que una relación vuelva a fluir es que alguien dé el primer paso y, en este caso, tú eres la persona más indicada para hacerlo. Recuérdales a tus hijos que los quieres, sin que nada más importe. La confianza es el arte de dejarse querer y saber querer al otro, de sentirse seguro contando cualquier cosa a la persona que tenemos delante. Estar con ellos, aunque no te cuenten nada. Y este contexto se forja a lo largo del tiempo. Si tu relación con tu hijo está enquistada, dale tiempo y date tiempo, pero empieza por recordarle lo más importante: vas a estar ahí siempre, pase lo que pase.

2. **La paciencia es el inicio.** A veces nos dejamos contagiar por nuestros hijos adolescentes, lo queremos todo ya. Que sean mejores, que cambien, que vuelvan a hacernos caso o incluso que retrocedan a como eran unos años atrás, cuando todavía no existían los problemas ni las discusiones. Tener paciencia con un hijo adolescente significa estar dispuestos a ver como cometen el mismo error una y otra vez y aprender a corregirlos de modos distintos: ayudándolos a encontrar alternativas, actividades que llenen su vida de sentido o que los ayuden a pasar algo más de tiempo y de más calidad con nosotros. Los hábitos que contribuimos a cultivar en su infancia están ahí, aunque no lo parezca (porque hay cosas que nunca se olvidan).

3. **Búsqueda de referentes comunes.** Encontrar a personas que sean un referente directo para nuestros hijos y que a nosotros nos parezcan adecuadas es una labor muy positiva. No se trata de pedirles que dejen de consumir el contenido de un youtuber, sino buscar a otro youtuber que nos parezca más adecuado. El equilibrio es difícil de encontrar y en algunas ocasiones simplemente tendremos que prohibirles que vean algo o establecer normas en caso de que vuelva a suceder, pero la mayoría de las veces esta solución simplifica mucho los problemas y nos acerca más a nuestros hijos.

Un resumen de lo positivo, lo negativo y las palancas del cambio

LO MÁS POSITIVO...

- **Un mundo entero disponible.** Las pantallas acercan la información y a las personas. Si conseguimos un contexto seguro, nuestros hijos pueden encontrar amigos en cualquier parte del mundo y descubrir respuestas y aprendizajes gratuitos y muy valiosos.

- **La posibilidad de encontrar tu comunidad en cualquier sitio.** Ya nadie está solo, por muy raro que sea un interés o una afición. El mundo está lleno de comunidades de personas que comparten gustos y a las que podemos sumarnos para desarrollarlos.

- **Nuevas profesiones.** Las profesiones del futuro ya están aquí y son muy valoradas. Lo mejor es que basta con dedicar tiempo y esfuerzo para aprender muchas de las aptitudes necesarias. Desde la creación de contenidos hasta la programación, pasando por el diseño, la animación o el desarrollo de videojuegos. Si algo apasiona a nuestros hijos, internet podrá ayudarlos a desarrollar sus gustos y su talento profesional.

LO MÁS NEGATIVO...

- **La exposición a desconocidos.** El contexto digital expone a nuestros hijos al mundo y es importante ayudarlos a preservar su intimidad; y a la vez aprender a estar por encima de algunas opiniones y valorar solo las de quienes nos importan de verdad.

- **El acceso a contenidos inadecuados.** Internet también incluye contenidos inadecuados y tenemos que protegerlos mientras podamos o ayudarlos a establecer un criterio personal adulto y maduro que los aleje de los contenidos que puedan hacerles daño para enfocarse en aquellos que los hacen crecer como personas.

- **Las relaciones sociales líquidas.** En el contexto digital, podemos tener muchas relaciones poco profundas. La amistad online es un concepto difícil que requiere nuestro acompañamiento, para que nuestros hijos sepan qué es un verdadero/a amigo/a y aprendan a valorar la amistad profunda.

LAS PALANCAS DEL CAMBIO

- **De la comparación a la inspiración.** Siempre va a haber alguien mejor que nosotros, aunque internet nos lo pone justo delante. Es importante no ver a los demás como competidores, sino como gente que nos puede inspirar a ser mejores o como referentes a los que seguir. Esta actitud convertirá cualquier frustración en un deseo de mejora.

- **Ser parte de un mundo global.** Ser tú mismo es una tarea que incluso nos cuesta a los adultos. Para nuestros hijos, encontrar su hueco en un mundo global es muy importante. Tú vales mucho como persona y puedes hacer que este mundo sea mejor o peor. El contexto digital debe servir a esta idea y ayudar a que nuestros hijos no quieran ser uno más, sino mejorar el entorno que tienen cerca: todo el mundo.

#2

Tus hijos: acompañándolos a su ritmo

Sentando las bases (0-6 años)

Es muy posible que nada más saber que vais a ser padres, te hayas descargado esa aplicación con la que conocer semana a semana cómo está tu bebé. Eres millennial y te relacionas con la tecnología como con tu mascota. Te acompaña y siempre es fiel.

En esta etapa es cuando puedes empezar a trabajar cómo será la educación de tu hijo dentro de este entorno. Puede parecer una exageración, pero es ahora cuando tenéis tiempo, dormís siete horas seguidas y tenéis todas las ganas de ser los mejores padres. ¡Vamos a por ello!

TU HIJO NACE CON UN SMARTPHONE DEBAJO DEL BRAZO
Casi con total seguridad haréis la primera foto de vuestro hijo con vuestro smartphone en la sala de partos. Esto, que parece una obviedad hoy, hace veinte años era poco usual. Vuestro hijo os va a conocer acompañados de un smartphone, por lo que es importante que sepáis que vais a ser los referentes absolutos en su gestión de la tecnología. Sois ese gran espejo en el que se van a ver reflejados vuestros hijos, de ahí que sea esencial que desde su nacimiento penséis en que sois su modelo.

No hay un método más efectivo y barato para educar que el ejemplo. Lo que hagáis vosotros con la tecnología, lo van a copiar en gran medida vuestros hijos. Por este motivo es importante analizarse de vez en cuando sobre cómo la estamos usando; ya que no solo me afecta a mí como individuo, sino a mis hijos por ser su padre/madre. Solemos usar la tecnología por estrés, aburrimiento o trabajo. El factor social nos invita constantemente a ello. Creemos que no contestar un wasap al instante es una falta de atención hacia la persona que nos lo envía o, peor aún, un menosprecio.

Si somos conscientes de que nuestro ejemplo educa, rebajar la exposición delante de nuestros hijos es una inversión educativa a largo plazo por dos motivos:

1. **Mensaje «Estoy disponible siempre para ti»** o, dicho de otra manera, «cuando estamos con nuestros hijos se para el mundo». Son nuestra prioridad. Nuestro centro de atención. Si cada vez que vienen a preguntarnos o contarnos algo desde pequeños nosotros no les prestamos atención, ¿cómo vamos a querer que luego nos cuenten las cosas cuando sean adolescentes? Estamos disponibles siempre para ellos y, cuando no podemos, se lo explicamos. Me encantaría escucharte, pero ahora tengo que mandar un correo electrónico de trabajo. En cuanto acabe, te aviso y me lo cuentas porque me interesa mucho.

2. **La tecnología no puede ser un elemento disruptivo constante de los momentos familiares.** El móvil es una herramienta que sirve para x y solo se usa para tal. Fuera de esto, no sirve para nada más. Su abuso desordena y conlleva que no nos prestemos atención entre nosotros, tu familia. Transmitir este mensaje desde muy pequeños hace que vean la tecnología como herramienta y no como compañero de vida/juguete. A largo plazo, resulta fundamental para que ellos puedan configurar la realidad de manera equilibrada y tener una relación sana con los dispositivos dentro de casa, ya que no entran en conflicto con su propia familia-entorno.

Una vez que tenemos a nuestros hijos entre nuestros brazos, que esa imagen ha sido captada y difundida por todos los grupos de WhatsApp familiares: «Jorge ya está con nosotros», ¿cómo empiezo desde ya a educar a mi hijo en el uso responsable de la tecnología?

Siendo tan pequeños, en Empantallados nos acogemos a las pautas que marca la American Academy of Pediatrics (AAP) o Asociación Americana de Pediatría sobre la exposición a pantallas por edad.

- **De 0 a 2 años:** evitar consumo.[5]
- **De 2 a 5 años:** máximo una hora y acompañados.
- **+ de 6 años:** establecer límites coherentes.

0 A 2 AÑOS: EVITAR EXPOSICIÓN, ¿POR QUÉ?

Cada vez más especialistas están observando en consulta lo que se conoce como «síndrome del bebé zombi», es decir, niños que presentan unos patrones de conducta concretos como irritabilidad, falta de sueño o retraso del lenguaje. ¿El causante? La exposición temprana abusiva a las pantallas está provocando que se entorpezca el desarrollo biológico natural de los menores y esto supone una serie de alteraciones en su conducta.

En esta etapa, aprendemos a través de los sentidos por medio de la exploración. Por ello, si exponemos los sentidos aún inmaduros a agentes externos para los que no están preparados (luz azul directa, música alta y movimientos rápidos) estamos alterando su correcto desarrollo, ya que no están preparados para registrar esa realidad.

---

5. En la última revisión, la AAP explicitó el periodo recomendado de «cero exposición a pantallas» al menos en el periodo de 0-18 meses, exceptuando las videollamadas con familiares.

En estas edades cada sentido cumple una misión concreta y necesita desarrollarse de manera natural sin estimulaciones falsas que puedan entorpecerlo. Vamos a señalar lo que ocurre.

1. Visión y funciones cognitivas: resulta fundamental para esta etapa su correcto desarrollo, ya que engloba la memoria visual, la división de la atención y el reconocimiento.

- **3 meses:** ven formas grandes.
- **2.º-4.º mes:** reconocen expresiones faciales.
- **4.º-6.º mes:** comienzan a distinguir la profundidad y tener conciencia espacial.
- **7.º-12.º mes:** dominan la profundidad y la coordinación mano-ojo.

Exponerlo a una pantalla con luz azul directa (y de cerca) cuando sus ojos no están preparados para procesar esa información entorpece su desarrollo biológico.

2. Tacto: la pantalla favorece la percepción plana de la realidad. No hay volumen, texturas. Entorpece el desarrollo del motor fino.

3. Consumo sedentario: las pantallas no fomentan el movimiento. Su consumo es estático, por lo que anula la exploración y su curiosidad por conocer lo que hay a su alrededor.

4. Entorpecimiento del lenguaje: al consumir las pantallas de manera individual no sienten la necesidad de expresarse, lo que supone un retraso en el desarrollo de la comunicación verbal.

La American Academy
of Pediatrics (AAP) no recomienda
la exposición de pantallas a edades
tempranas (especialmente de 0 a 2 años)
porque en general no tienen ningún
beneficio para su desarrollo biológico.

«Ok, no tienen beneficios, pero a mí como padre/madre me ayudan en muchas tareas», te puedes estar planteando después de leer esto. Somos conscientes de ello. Muchas veces el ritmo frenético de vida, la conciliación y el cansancio nos lo ponen muy difícil a los padres. Sabemos que la tecnología puede servirte de ayuda, pero te ofrecemos a cambio algunos trucos prácticos para ello.

- Quiero que coman sin problemas en un restaurante: aunque creamos que comen mejor con ellas, resulta todo lo contrario. Entorpecen la primera fase de la digestión porque no hay un proceso consciente detrás. Casi ni mastican, ni mucho menos saborean: engullen como autómatas. Para evitar esto y ayudarlos a comer más rápido, puede resultarte más práctico llevarte su comida favorita que sabes que van a comer sin problemas o premiarlos jugando con ellos si se terminan el plato.

- Quiero que se duerma: la luz azul no favorece la conciliación natural del sueño. Al revés, los estimula más. Prueba a bajar las luces a la hora de cenar, y mantener horarios fijos.

2 A 5 AÑOS: MÁXIMO UNA HORA ACOMPAÑADOS, ¿POR QUÉ?

El hogar es el primer entorno de socialización de los niños. Aprendemos por imitación y contamos con una desventaja fundamental en nuestros hogares: no poseemos tradición tecnológica, por lo que tenemos que ser muy creativos e inventarla desde cero. Te dejamos unas ideas con las que puedas diseñarla a tu gusto, desde edades tempranas.

- **Las pantallas no son juguetes**, sino aparatos para un fin, como un electrodoméstico. Por eso se sitúan en lugares al alcance de todos.
- **Sueño:** las pantallas se apagan a la hora de dormir (como hacemos con la televisión).
- **Comemos** sin pantallas (porque no tienen sabor).
- **Hablamos** mirando a los ojos.
- **Protegemos nuestra intimidad** (cuidado con la sobreexposición, también fomentada por los padres, cuando compartimos imágenes de los más pequeños).

Si fijamos una hora de consumo acompañado, te invitamos a que lo aproveches de esta manera para disfrutarlo todos.

- **Hora concreta:** no entorpecer rutinas.
- **Plataformas con control parental:** YouTube Kids, con una selección previa hecha por nosotros y un tiempo prefijado.
- **Películas juntos:** seleccionar del catálogo de la plataforma de cine, adaptadas a su edad.
- **Cocinar:** recetas de internet.
- **Tutoriales de manualidades:** como todos los relacionados con *Do It Yourself* (DIY).
- **Karaokes.**
- **Coreografías.**

«Sí, eso está genial, pero se me queda corta una hora», te volverás a plantear. Sabemos que es así, por eso queremos proponerte algunas ideas para hacer frente a esas situaciones en las que las necesitas.

1. **Las uso para mantenerlos quietos en las salas de espera o por teletrabajo:** crea tu «bolsita de la paciencia». Se trata de meter en una bolsa esos juguetes top 5 que sabes que son sus favoritos y con los que se pueden pasar veinte minutos distraídos sin moverse.[6]

2. **Veo que se divierten de verdad:** ¿has probado con juegos, manualidades? Haz la comparativa.

3. **Me monta rabietas y quiero calmarlos.** Si tratamos de anestesiarlos, no les estamos enseñando a gestionar las emociones. Esto a la larga desemboca en frustración e irritabilidad desmedida.

4. **Coche para no distraerme:** puedes recurrir al veo-veo, audiolibros, cantar con ellos con la música a todo volumen, jugar a las palabras encadenadas, etc.

5. **Es que no puedo más en el día:** mañana lo harás mejor. ¡Flexibilidad!

---

6. En esta línea, la start-up Kietoparao, con sede en Bilbao, creó un kit con juegos para llevar en el bolso (veinte juegos educativos en 200 gramos).

Conclusión de 0 a 5 años:

- Educar en estas edades requiere dosis extra de energía, paciencia y mucho tiempo de observación.

- Las pantallas no nos lo ponen fácil a nosotros, los padres, por eso en esta etapa debemos estar pendientes de cómo hacemos uso de ellas para que no supongan un obstáculo en nuestra tarea.

- Para ello podemos fijarnos estas cinco reglas para respetar dentro de nuestro hogar:

  1. Espacios de ocio en familia: reforzar juegos, en lugar de pantallas.

  2. Rutinas de sueño marcadas.

  3. Comidas sin pantallas.

  4. Excursiones / actividades sin pantallas.

  5. Fomentar hobbies en familia: cocinar, pintar, manualidades o disfraces.

Desde los seis años hasta la llegada del primer móvil: la edad de los límites coherentes

A partir de los seis años, nuestros hijos se encuentran en lo que se conoce como «su segunda infancia», etapa caracterizada por enfrentarse de manera gradual al uso de la razón. Por este motivo, el trato y la educación que les demos tienen que ir dirigidos a la inteligencia, argumentando a su nivel los motivos por los que les exigimos.

En estas edades observamos como empiezan a alcanzar hitos del aprendizaje (leer o escribir) que los capacitan para poder adentrarse en el mundo de los adultos. En esta fase, en la que el niño empieza a interpretar y razonar por sí mismo, instintivamente se identifica con todo lo que hay a su alrededor, tratando de imitarlo.

Por este motivo y porque dentro de su hogar descubren e imitan lo que los rodea, es ahí, en nuestros hogares, donde debemos establecer los límites coherentes que señala la American Academy of Pediatrics (AAP). De esa manera, a través de argumentos lógicos y límites domésticos, buscamos que adquieran de forma natural una relación sana con la tecnología.

Además, nos puede ayudar preguntarnos cómo es nuestro hijo en particular. Para contestar a ello, podemos apoyarnos en un método de análisis utilizado en el mundo de los negocios llamado DAFO: ¿cuáles son las debilidades de mi hijo?, ¿sus amenazas?, ¿sus fortalezas?, ¿sus oportunidades?

Pongamos un ejemplo concreto: observo que la debilidad de mi hija es tener un carácter impulsivo. Por ello, una de sus amenazas son las pantallas, ya que ofrecen multitud de estímulos atractivos sin límites. O al revés, veo que la fortaleza de mi hija es la perseverancia, ya que cuando quiere algo, no para hasta conseguirlo. Por ese motivo, tiene la oportunidad de potenciar una afición a través de tutoriales seleccionados previamente en YouTube.

Apoyándonos en este método, logramos conocer mejor a nuestros hijos e ir guiando las manifestaciones de su personalidad a través de una educación «más personalizada». Aunque haya fallos, iremos avanzando poniéndonos pocas metas, pero que son necesarias para él.

HOGARES HIPERCONECTADOS: UN ENTORNO EDUCATIVO NATURAL PARA NUESTROS HIJOS

Es cierto que vivimos en hogares dotados con más pantallas que hijos, por eso debemos alcanzar un equilibrio en el uso de los dispositivos del mismo modo que fijamos las rutinas de la colada o la compra del supermercado. Las pantallas nos acompañan en muchas de las tareas domésticas (desde programar el termostato o el robot aspirador, hacer la compra online o consultar los movimientos bancarios), de ahí que sea necesario fijar una serie de pautas para que no invadan nuestro modo de vida y conseguir el ansiado *digital wellbeing*, o bienestar digital.

Para los niños de seis años en adelante, su casa supone todo para ellos; su microcosmos. Ese espacio que conocen a la perfección, donde tienen autonomía y se sienten seguros ante cualquier amenaza exterior y rodeados por los que más los quieren. Aprovechando que este escenario les genera confort y seguridad, vamos a ir integrando una serie de pautas generales de orden tecnológico dentro de nuestro hogar para conseguir bienestar digital.

Pautas para generar bienestar digital en el hogar:

- **Espacios de cero tecnologías,** como el comedor y los dormitorios, ya que son espacios destinados a satisfacer funciones vitales esenciales, como la alimentación y el descanso. Además de comer, en la mesa también se producen puntos de encuentro, lo que favorece la comunicación familiar. De la misma manera, cuando nos acostamos, apagamos los móviles o se ponen a cargar fuera del cuarto.

- **Apagar el router antes de acostarse:** puede ser un buen hábito de higiene digital («nadie lo usa por la noche»).

- **Horario de pantallas:** consolas, tablets o cualquier otro dispositivo que tengamos en casa requieren un espacio y tiempo de uso para no caer en el abuso. Déjalo fijado y apóyate en el parking de pantallas de Empantallados si ves que os cuesta.

 Recurso disponible en **empantallados.com/libro**

- **Promover actividades offline:** es importante despertar el interés de los niños en otras actividades para que quieran compaginar ambas cosas. Manualidades, puzles, teatro, música, etc.

- **Fomentar ratos de lectura:** establece en vuestra rutina doméstica un tiempo dedicado a la lectura en espacios compartidos. Vernos sentados en el salón de casa con un libro es la mejor motivación que encuentran ellos: ser adultos como nosotros.

- **Reforzar juegos de mesa frente a consolas.** Piensa en aquellos juegos de mesa o barajas de cartas que tanto te divertían cuando eras pequeño, ¡a ellos también les encantarán!

- **Buscar actividades al aire libre:** esto no significa tener que planear siempre una excursión al campo. Busca actividades fuera de casa que requieran movimiento, como salir a comprar el pan, un paseo antes de comer o ir al parque de debajo de casa. ¡Lo necesitan!

- **Proponernos metas para crecer en valores:** elaborar una baraja de valores (generosidad, escuchar a los demás, etc.) como vuestro código familiar.[7] De esta manera se sienten identificados con ellos de forma natural porque es el ambiente que se respira en casa. Saber con qué valores se identifican reduce los conflictos futuros que puedan generar esos usos tecnológicos.

Una vez que tenemos marcadas estas pautas dentro del hogar, donde el uso de la tecnología queda ordenado siguiendo un criterio, el segundo paso sería ir reforzando aspectos de la personalidad de nuestros hijos que los capaciten para tener una relación equilibrada con los dispositivos tecnológicos. O, dicho de otro modo: enseñarles a manejar su distracción de manera autónoma sin tener que recurrir a una pantalla de las que hay en casa. Para ello, pondremos el foco en lo que llamamos la triple A: Atención, Autoestima y Aburrimiento.

---

7. Puedes hacerlas en casa o también puedes conseguir en su web las de Patri Psicóloga: doce valores para trabajar en familia (respeto, generosidad, amor, justicia, esfuerzo, responsabilidad, gratitud, paciencia, compasión, perdón, bondad y esperanza), parte de cuyos beneficios se destinan a programas educativos de la ONG Cooperación Internacional.

EDUCAR LA TRIPLE A: ATENCIÓN, AUTOESTIMA Y ABURRIMIENTO
Entrenar la atención

La atención es un proceso cognitivo que nos permite seleccionar y concentrarnos en los estímulos relevantes. Desde que nacen, nuestros hijos reciben diferentes estímulos sensoriales y emocionales. Al principio solo son capaces de atender durante unos segundos y exclusivamente a lo que los atrae (colores, sonidos y luces). Más adelante, a partir de los dos años, aproximadamente, pueden elegir voluntariamente el foco de atención durante minutos. Progresivamente, van consiguiendo mantener la atención durante periodos más largos de tiempo y dirigirla al estímulo elegido, empezando a discriminar lo importante de lo superfluo.

Mantener una buena atención es fundamental en el proceso de aprendizaje y resulta clave para lograr un mayor nivel de productividad. Más adelante, cuando tenga que sentarse a estudiar, podrá concentrarse más rápido en lo que tiene que hacer sin que le cueste. El famoso Daniel Goleman, conocido por su libro *Inteligencia emocional*, dijo recientemente que «saber concentrarse es más decisivo para un niño que su coeficiente intelectual».

Por ello es importante entrenar la atención. Existen muchos juegos y actividades con los que divertirse mientras desarrollan la atención, como los juegos de lógica y de estrategia o de preguntas y respuestas. También los de memoria visual (como buscar parejas de imágenes). No hay que olvidar que el juego debe ser siempre personalizado, es decir, adaptado a la edad de nuestro hijo. El entorno donde juegan también resulta importante para entrenar la atención, por lo que hay que cuidar que esté lo más ordenado posible y libre de distracciones tecnológicas. Además del juego, el ejercicio físico también estimula la atención, así como el buen descanso y la alimentación equilibrada.

Reforzar la autoestima

La autoestima de un hijo o hija es el valor que da a su vida y de ella depende mucho de lo que le deseamos. La autoestima le posibilita enfrentarse diariamente a sus retos y encontrar soluciones a sus problemas. Es una pieza clave y afecta a todos los ámbitos.

¿Cuáles pueden ser los síntomas de una baja autoestima?

En España y el primer mundo, donde la sobreprotección está asumida y confundida con el cariño, la autoestima es generalmente más baja de lo que el ser humano y nuestros hijos necesitan. Podemos apreciar la importancia de mejorar su autoestima si nos fijamos en los síntomas de un niño, niña o adolescente con baja autoestima: no se valora, cree que tiene poco talento, es susceptible, echa la culpa a los demás o se hace la víctima, se siente incomprendido, miente, se refugia en su móvil y en su habitación, desobedece, se deja influir en exceso, siente ansiedad, pierde fuerza de voluntad, empobrece su registro emocional, no admite ser corregido, siente apatía y desgana, reacciona con desmedida agresividad, pierde habilidades sociales y no es feliz.

Pero todo esto tiene fácil arreglo y está sobre todo en manos de padres y educadores, porque aumentar la autoestima de alguien es rápido y de efectos notables y decisivos a corto plazo, si seguimos una serie de actuaciones eficaces. Nuestro hijo a veces es un tesoro encerrado en un cofre que solo puede abrirse desde fuera: sus padres y educadores son los que tienen la posibilidad de abrirle la puerta de seis modos y subir su autoestima hasta el nivel que necesita, como nos recomendaba el experto Fernando Alberca en un artículo para Empantallados.

Seis modos de subir su autoestima:

Primero: ante un reloj con segundero pensemos ocho puntos fuertes que tiene nuestro hijo o hija. Si llegamos a ocho antes de diez segundos, es que tiene alta autoestima. Si no se nos ocurren tan rápidamente es que no solemos tenerlos en la cabeza ni en los labios, y en consecuencia él o ella no los han captado tampoco.

Segundo: el ejercicio más importante para subir su autoestima consiste en hacer una lista de treinta y cinco puntos fuertes, aspectos positivos, de la profundidad que sea (vale ser generoso, cariñoso o inteligente, pero también ser guapo o jugar bien al parchís). A partir de ahí —con naturalidad—, cuando se vea algún gesto en el que se confirme alguno de ellos, se le deberá decir —sin preguntas— con admiración y sencillez, antes de cuarenta y ocho horas:

- Que tiene ese punto fuerte y el gesto en el que lo hemos percibido.
- Que es importante para siempre, porque ese punto fuerte lo acompañará y será útil en su vida futura profesional, social, familiar y personal.
- Que os encanta que sea así.

Tercero: la regla del 5 a 1. Alábale cinco cosas que hace bien antes de corregirle una.

Cuarto: aprovecha sus fracasos y sus errores para explicarle la oportunidad que guardan y cómo convertirlos en algo bueno. Explícaselo con la vida de Einstein, J. K. Rowling, Steve Jobs, Spielberg, Ed Sheeran o Messi. O muéstraselo a través de casos cercanos, en los que tras un fracaso ha salido lo mejor de alguien y ha acabado en éxito, porque el fracaso provocó un cambio necesario.

Quinto: enséñale a superar obstáculos, troceando cada uno en fragmentos tan pequeños como puedan ser superables. Muéstrale cómo dar el primer paso para que sea un éxito y obtenga nuestra satisfacción; después el segundo paso y los necesarios hasta lograr el objetivo.

Sexto: convertirnos en su Pigmalión. El efecto Pigmalión consiste en estar seguro de que alguien vale y puede lograr un fin, hacer que lo crea y conseguir que lo logre.

También en las siguientes edades te daremos algunas recomendaciones más sobre este tema.

Gestionar el aburrimiento

Es posible que te resulte familiar la expresión «me aburro» cuando en casa es tiempo de estar sin pantallas. Ante esa súplica, tenemos dos opciones: ceder y darles la pantalla para que se entretengan, o por el contrario invitarlos a que se aburran como una ostra. Porque sí, el aburrimiento es la antesala de la creatividad.

Diversos estudios (Universidad de Lancashire y Universidad de

Anglia, entre otros) aseguran que el aburrimiento es una oportunidad para que los niños se arriesguen a explorar nuevas áreas del conocimiento o a innovar las que ya conocen.

Según nuestro estudio «El impacto de las pantallas en la vida familiar», la mayoría de los padres piensan que quitarles a sus hijos las pantallas durante un tiempo prolongado les generaría aburrimiento, irritación, frustración, ansiedad o rebeldía. Tres de cada cuatro creen que su hijo encontraría una actividad alternativa, frente a los que dicen que se encerraría en su habitación.

El aburrimiento los ayuda a ser más resolutivos, a desarrollar su autonomía y a ser más flexibles cognitivamente.

¿Qué alternativas tengo en estas edades para combatir el aburrimiento?

Juegos de mesa: muchos estudios confirman que jugar nos motiva, nos distrae y, sobre todo, nos anima, fomentando capacidades personales como la memoria, la agudeza visual, la concentración, etc. Estos juegos son ideales para conseguir desconectar y estimular la risa, que es el mejor antídoto saludable y natural contra el aburrimiento.

Juegos simbólicos: consisten en saber convertir en juegos y juguetes improvisados los objetos y situaciones de cada día (cajas de galletas, cartones de leche…). Fomentar este tipo de juegos los ayuda a descubrir el valor lúdico de los objetos y de las situaciones usuales desarrollando así su imaginación.

Manualidades: recortar, pegar, amasar, modelar, todo lo que puedan hacer con las manos les divierte y potencia el desarrollo de la psicomotricidad fina.

Lectura: la práctica de la lectura compartida en el hogar promueve el desarrollo de los niños y contribuye a sentar las bases para su alfabetización y aprendizaje. De hecho, en las primeras edades, la lectura compartida puede suponer hasta ocho meses de ventaja en la adquisición de habilidades lingüísticas, según un estudio de la Universidad de Newcastle.

Leer en casa, tanto de forma individual como compartida, y transmitir a los niños interés y gusto por la lectura es un regalo que debemos promover día a día. Los beneficios de esta práctica no solo serán evidentes en sus primeros años de escuela, sino a lo largo de todo su aprendizaje vital y, por tanto, en su futuro profesional.

Diez minutos de lectura compartida al día son más efectivos, por ejemplo, que las clases extraescolares o de refuerzo para apoyar la educación de nuestros hijos, según la investigación *Reading for Pleasure*. Y estos beneficios son independientes del soporte en el que se efectúe esta práctica.

Además, la familia tiene un ingrediente especial, casi mágico, para hacer que leer sea un placer y cultivar la semilla de la lectura: los afectos propios de la relación de los hijos con los padres, incluso con otros miembros de la familia como las abuelas y abuelos, los hermanos y hermanas mayores, etc.

Podemos hacerlo a través de e-books, audiolibros, un pódcast… La tecnología engrandece los catálogos y fomenta otro tipo de experiencias narrativas en distintos soportes. Tanto en papel como en digital, nuestros hijos pueden disfrutar de una historia, deleitarse con las palabras y las imágenes; adquirir información que necesitan para elaborar un trabajo académico, resolver un problema práctico, conocer, comprender, entender algo o entenderse a sí mismos. Y todo ello gracias a los libros.

Sin duda, los hobbies pueden ser un gran modo de, a diferentes edades, crear un círculo virtuoso entre estas tres aes:

Una vez que hemos fijado un orden de uso de la tecnología dentro de nuestro hogar y hemos dotado a nuestros hijos de herramientas personales para no recurrir a las pantallas como modo de distracción, antes de darles su primer móvil, el tercer paso que habría que seguir sería observar cómo se relacionan con otros dispositivos tecnológicos. Solo así sabremos si están preparados para tener el suyo propio.

Para ello, vamos a diferenciar tres dispositivos que están a su alcance en el hogar: tablet/ordenador de casa (internet), videoconsolas (videojuegos) y televisión (plataformas de streaming por suscripción).

Tablets y ordenador de casa: el primer acceso a internet

Internet es una herramienta que todos utilizamos a diario. Y que nuestros hijos utilizan desde que nacen, a diferencia de nosotros. Imagina que alguien te hubiese prohibido usar el fuego desde pequeño. O que alguien te hubiese prohibido acudir al colegio en transporte convencional porque andar es mucho más saludable. Un lunes lluvioso. A las siete y media de la mañana. Porque puede haber accidentes.

Hay que reconocer que las comparaciones previas son exageradas, pero negar la realidad nunca es una forma de afrontarla. Al menos no es una forma efectiva.

En este sentido, los riesgos que existen en internet se pueden afrontar de dos modos: desde el rechazo absoluto o desde la perspectiva de la superación. Nuestros hijos pueden ser un factor de mejora social si ellos quieren y si nosotros sabemos apoyarlos. El modo de generar más contenidos positivos o relaciones sociales digitales más saludables también es educar a nuestros hijos y fomentar en ellos conductas positivas. El futuro constituye una masa de posibilidades, positivas y negativas, pero tendemos a asustarnos por el bien de nuestros hijos.

Lo tenemos difícil, es un hecho, pero no podemos desesperarnos. Si nuestros hijos perciben que internet es un riesgo constante y un lugar en el que solo ocurren cosas negativas, su modelo de conducta será ese. Resulta mucho más interesante descubrir juntos contenidos relevantes y ampliar nuestros horizontes también gracias a internet.

Si nos dan un pincel, pero no nos dicen para qué sirve, es difícil acabar siendo Picasso. Pero si nos explican las posibilidades positivas que tiene un pincel quizá seamos pintores. O arqueólogos. O quizá descubramos profesiones que todavía no existen. Aquí tienes algunas formas de empezar que te permitirán lograr entornos más controlados para sus primeros accesos a internet.

1. El wifi de casa: la conexión a internet, que tanto interesa a tus hijos, pasa por ti. No hace falta que cambies la contraseña del wifi a diario, pero hay muchas maneras de conseguir que tus hijos no den por sentado tener internet. A través del router y de algunas apps o dispositivos externos puedes gestionar en qué franjas horarias se conectan a la red los distintos dispositivos de la casa; o incluso cuánto tiempo de navegación permites en función de cada hijo, cada dispositivo o cada tipo de actividad. Todo esto ayuda a fomentar hábitos positivos y conversaciones útiles sobre el tiempo de uso de las pantallas.

2. Cuentas de usuario: tanto Google (en dispositivos Android) como Apple (en dispositivos iOS) disponen de sistemas que permiten crear cuentas familiares para la descarga de aplicaciones o las compras online. De cara a conseguir que la autonomía digital de tus hijos no sea mayor que la autonomía que les das en el mundo analógico, configura sus cuentas como de menores, de forma que los dispositivos que utilizan te envíen un mensaje cuando ellos quieran, por ejemplo, descargarse apps.

3. Entornos adaptados: la mayoría de las plataformas que más utilizan tus hijos (YouTube, Netflix...) te ofrecen la posibilidad de adaptarte a las edades de los niños. YouTube tiene su versión Kids y en Netflix puedes crear perfiles de usuario, en los que los contenidos que se sugieran estén acotados en función de la edad. Aunque no garantizan al cien por cien que nunca se encuentren con contenidos no controlados, facilitan una experiencia online más positiva.

4. Control parental: hay muchas opciones de control parental: software en los sistemas operativos, paquetes de software y seguridad, filtros en navegadores, apps…

Si decides recurrir a alguno de ellos para limitar el acceso a contenidos o reducir los tiempos de uso, aprovecha para hablar con tus hijos acerca de por qué lo haces, qué te preocupa y cómo se puede ir gestionando ese control de manera progresiva. El control parental tecnológico es mucho más útil si lo acompañas de conversación analógica.

5. Apps: antes de descargar una app para que tus hijos jueguen o aprendan mientras utilizan dispositivos, infórmate en webs especializadas (por ejemplo, Generación Apps, dedicada a las aplicaciones infantiles).

- Una vez descargada: configura la privacidad de la app en ajustes del dispositivo y, cada cierto tiempo, haz limpieza y elimina las que no se utilicen.

- Y recuerda: el hecho de que las apps sean gratuitas no significa que no conlleven algún tipo de coste, principalmente compras en la aplicación.

También puedes invertir tiempo en buscar apps para ocio en familia. Las manualidades son una manera estupenda de pasar tiempo juntos. Hay infinidad de tutoriales DIY (*Do It Yourself*) para niños en YouTube para hacer cosas con ellos.

De todas maneras, intenta que la actividad de tus hijos con las pantallas tenga que ver con sus aficiones en el mundo analógico. Así asociarán esas pantallas a sus hobbies y no tanto a una desconexión del mundo para evadirse. Y, sobre todo, transmite que las tablets o el ordenador de casa son dispositivos de todos, por lo que tienen que estar al alcance y a la vista de cualquier miembro de la familia.

Videojuegos

Los videojuegos son el primer contacto de ocio digital de muchos niños. Hoy, además, son auténticas redes sociales: juegan, pero también chatean con amigos, compran, comparten. Por ello necesitan supervisión, que juguemos con ellos, conozcamos sus gustos y nos familiaricemos con una industria que no deja de crecer a través de los *e-sports*.[8] Poco se parece nuestra vida a un videojuego, no olvidemos que solo se juega una vida, así que gana la partida.

Cuando entre por primera vez la videoconsola en tu casa, te recomendamos utilizar nuestro contrato de videojuegos. Se trata de un acuerdo por escrito con doce normas de uso mediante el cual tu hijo se comprometerá a utilizar la consola en los tiempos pactados y de manera responsable, ya que se guía por cuatro coordenadas: tiempo, lugar, compañía y contenido.

 Recurso disponible en **empantallados.com/libro**

---

8. Los *e-sports* son videojuegos a nivel competitivo. En concreto, campeonatos de jugadores profesionales de los videojuegos más famosos compitiendo por ser los mejores, con miles de espectadores de todo el mundo. A esto hay que sumar eventos alucinantes con la presencia de patrocinadores, publicistas, comentaristas y hasta fisioterapeutas para los jugadores de nivel pro.

Además del contrato, podemos seguir otras pautas para hacer un uso responsable de los videojuegos.

- **Delimitar bien los tiempos:** fijar un día y una hora concretos de juego para evitar entorpecer rutinas (deberes, alimentación, sueño, etc.). Por nuestra parte, tenemos que asumir que hay videojuegos que requieren cierto empeño y pocos minutos no bastan para triunfar (un simulador deportivo, un juego de construcción de civilizaciones, etc.). Intenta no cortarle en el momento de más disfrute. Sería casi tan injusto como parar la película o el partido diez minutos antes del final.

- **Escoger videojuegos adaptados a cada edad:** consulta bien las clasificaciones de contenidos. Puede servirte de referencia el sistema PEGI (Pan European Game Information), que es el mecanismo de autorregulación que viene señalado en la carátula. También puedes encontrar información al respecto en la web estadounidense www.esrb.com.

- **La pantalla en un lugar visible de la casa:** en la televisión o en el ordenador de casa, pero que sea en un espacio común, cómodo a la vista de todos y sin jugarnos innecesariamente la salud (vista, cervicales…). Así evitamos el autoengaño y damos el mensaje de que la consola está a disposición de todos.

- **Mira cómo es esa primera partida:** comprueba a qué tipo de videojuegos suele jugar. Si hay escenas de acción, que no sea la finalidad principal del juego. Y si las contiene, que sean como las de las películas apropiadas para su edad.

- **Ausencia de referencias, ¡stop!:** si no tienes referencias sobre el juego que va a entrar en casa, entonces aplica el sentido común:

mejor que no entre. Y si las referencias son inadecuadas, siéntate con tu hijo y explícaselo. Puedes darle la opción de que lo pida prestado a un amigo y así lo analizáis entre los dos.

- **Evitar juegos online con desconocidos:** los juegos online permiten la comunicación entre los jugadores y muchas veces no sabemos quiénes están detrás, tal vez haciéndose pasar por menores... Si no utilizan los cascos, mejor; así podremos oír el tipo de conversaciones que mantienen con otros jugadores.

- **Preferencia por los videojuegos multijugador:** favorece que los padres podamos jugar también. Puede ser una oportunidad para traer amigos a casa o que jueguen los hermanos juntos. Y si juega online, que juegue con ellos a horas concretas. Un videojuego online puede ser más positivo que jugar contra la máquina.

- **Fomentar otras formas de ocio al aire libre:** aficiones y actividades sin pantallas como el deporte, excursiones a la naturaleza, manualidades, etc. El equilibrio entre videojuegos y actividades al aire libre es la clave para no caer en el abuso de las pantallas.

Si a tus hijos les resulta difícil cumplir con el tiempo acordado, puedes crear códigos de acceso a la consola, de forma que tengan que pedirte permiso expreso para poder jugar, o cambiar las claves del wifi para gestionar los juegos online.

Televisión: plataformas de streaming por suscripción

Desde hace unos años vivimos inmersos en una oleada de suscripciones digitales. La comodidad que nos brindan plataformas como Netflix, Spotify, Amazon Prime, sistemas para guardar archivos en la nube, etc., y su facilidad a la hora de consumir sus servicios, y sobre todo contratarlos, quizá haya provocado que, sin darnos cuenta, tengamos un buen empacho de suscripciones digitales.

Un estudio publicado en *The New York Times* revela que en Estados Unidos los usuarios gastaron una media de 640 dólares al año en suscripciones digitales durante 2019. Y es que si no controlamos estas suscripciones puede que no nos demos cuenta del gasto anual que estamos realizando. Además, a muchas de estas plataformas, por las que pagamos mensualmente, no les estamos sacando un verdadero provecho, e incluso hay algunas que no utilizamos nunca.

Quizá sea un buen momento para replantearse de qué manera estamos utilizando en casa estas suscripciones, que pueden ser una excelente oportunidad para compartir tiempo y aficiones en familia. Si les damos este uso, sí que puede tener sentido mantenerlas.

Seis ideas para decidir qué suscripciones digitales mantenemos
- **Piensa en el uso que le estáis dando:** parece un consejo evidente, pero lo cierto es que podemos tener mil suscripciones a plataformas y no estar utilizándolas prácticamente nada. O peor: podríamos estar haciendo un uso de ellas que nos está aislando de nuestra familia. Si es así, merece la pena repensar si es positivo tenerlas.

- **Plantéate si pueden ser una oportunidad:** como lo oyes. Estas suscripciones pueden servir para hacer planes en familia y aprovechar para pasar tiempo de ocio juntos.

- **Suscríbete a planes familiares:** porque juntos es mucho mejor. Y también más barato. La mayoría de las plataformas digitales tienen tarifas pensadas para compartir su uso entre los miembros de la familia.

- **Déjales crear su propia playlist:** si utilizas una plataforma de música solo para ti, ¿no te has planteado que quizá el resto de la familia quiera también poner música en casa? ¡Puede ser un gran momento para compartir gustos y pasar el tiempo escuchando canciones todos juntos!

- **Inventa un club del cine:** puedes utilizar plataformas de cine para ver semanalmente una película juntos, que cada vez elige alguien distinto, y después comentarlas en familia.

- **Utiliza nuestro recurso descargable de Empantallados en familia:** así podrás hacer balance de vuestras suscripciones y evitar el empacho digital.

 Recurso disponible en **empantallados.com/libro**

En esta era de la inmediatez, del conseguirlo todo ya, del acceso a infinidad de contenidos, de información, en esta sociedad de consumidores impacientes, se hace más necesario que nunca educar a nuestros hijos en el valor de la espera. ¿Cómo? Poniendo horarios para disfrutar de un contenido por edades, retrasando la compra de un objeto deseado, estableciendo turnos para jugar a la Play, etc.

Pautas saludables a la hora de ver películas en familia
- **Ver la edad recomendada antes de elegir una película.**

- **Priorizar las películas que pueda ver toda la familia.**

- **Limitar la elección de contenidos.** Esto va unido también con la paciencia. En la sociedad actual nos volvemos unos consumidores impacientes, por eso debemos limitar la oferta, como darles a elegir solo entre dos películas que hayamos seleccionado nosotros previamente o recalcar el horario para disfrutar de las películas.

- **Comentar en alto lo que vamos viendo** y hacerles preguntas para que vayan entendiendo lo que ven e interioricen mejor los valores que pueden aprender de esas películas.

- **Buscar documentales interesantes** con los que puedan conocer una realidad desconocida o aprender algo nuevo.

- **Intentar ver películas en otros idiomas con subtítulos en español.** Todos podemos mejorar un segundo idioma mientras disfrutamos de una buena peli.

- **Evitar dejarlos solos consumiendo contenidos que no conocemos.**

- **Evitar premiar o castigar con ello.** Es un encuentro en familia. La televisión no es un triunfo individual ni un juguete con el que distraerse.

- **Intentar fijar un día de la semana para crear vuestra tradición familiar** de peli, manta y palomitas.

- **Crear perfiles de usuario** en los que los contenidos que se sugieran estén acotados en función de la edad. Por ahora, puedes hacerlo en Netflix.

Y llegó su primer móvil: todo lo que necesitas saber

¿ME ESTOY ADELANTANDO O EXISTE UNA EDAD IDEAL?

Ni nosotros ni nadie puede contestar correctamente a esta pregunta, solo puedes responderla tú.

La edad a la que algunos expertos recomiendan tener un móvil propio es a los catorce años, aunque las cifras muestran que esa recomendación está lejos de cumplirse en la vida real. Tarde o temprano tendrás que enfrentarte a esta pregunta: «¿Me compras un móvil?». «Aún es demasiado pequeño», «todos los de su clase tienen uno» o «es que no para de pedírmelo y no sé cómo decirle que no», son muchas de las cosas que se nos pasan por la cabeza ante la temida pregunta.

Somos conscientes de que cada hijo es único y que cada caso es diferente. Por eso aquí no encontrarás una edad ideal recomendada por Empantallados. Hay cuestiones que no dependen solo de la edad. Por ejemplo, ¿a qué edad es conveniente que tu hijo salga solo a la calle? Lo cierto es que depende de multitud de factores.

Solo tú, como madre o padre, sabes cuándo tu hijo está realmente preparado para adquirir una nueva responsabilidad como es la de tener un móvil propio. Como ya te adelantamos, una pista que te puede servir para saber si tu hijo posee la madurez necesaria para tener su propio smartphone es si ordena su cuarto. Pero atención: no se trata de un premio o un castigo.

La razón por la que se mantiene la habitación ordenada es porque cada cosa (la ropa en el armario, los libros en una estantería, sus cosas en los cajones…) tiene una función y un lugar decidido por el niño o la niña. El orden guarda relación con un porqué y un para qué. Esta es la base necesaria para saber usar correctamente el móvil. Además, el orden refleja una cierta autonomía por parte de los niños. Quizá tú también detectas algunas manifestaciones concretas que te demuestran que tu hijo va adquiriendo criterio.

ALGUNOS PASOS PREVIOS QUE TENÉIS QUE DAR

Antes de la llegada de un móvil propio es bueno acercarlo paulatinamente a la tecnología. Los hábitos sobre el buen uso de las pantallas se adquieren en los primeros años de vida: no utilices el wifi como una niñera tecnológica o tu móvil como un apaganiños. Podemos ir educándolos poco a poco y darles recompensas y responsabilidades: puede jugar con el móvil si termina todos sus deberes, si ha ayudado con las tareas de casa… Y siempre bajo tu supervisión o con apps elegidas por ti.

No te autoengañes, a veces somos los propios padres quienes decidimos darles el móvil para estar más tranquilos, para tenerlos localizados (porque van solos en metro al colegio, o a una actividad extraescolar…). Si este es tu caso, puedes dar a tu hijo un móvil, no un smartphone. Precisamente Nokia ha rescatado recientemente su mítico modelo 3310, solo para llamar y escribir mensajes de texto.

¿Ya has decidido entregarles el primer móvil? Comienza la siguiente fase. Recuérdales que esto no significa que tengan barra libre. Será necesario determinar el tiempo que pasan con él. Tu hijo cuenta con un móvil propio, pero no a tiempo completo y sin limitaciones.

Por último, es bueno que te plantees algunas preguntas, que quizá te harán consciente de que es necesario que hables con ellos sobre determinados temas (pornografía, violencia, preocupación excesiva por el físico, etc.) si no quieres que otros lo hagan por ti. Un móvil con conexión a internet es la apertura completa al mundo exterior. No existen dos realidades para los niños, solo existe una, y el reto consiste en saber si son lo suficientemente maduros para enfrentarse a ella.

Conclusión:

- No hay una edad ideal para el primer móvil, pero sí una realidad. La decisión de dárselo debe ser exclusiva de los padres, ya que solo vosotros sabéis si vuestro hijo está preparado para ello.

- Háblalo previamente con tus familiares para que nadie se adelante con un regalo navideño o de comunión y evitar así un posible disgusto.

CINCO PREGUNTAS RÁPIDAS QUE TE ESTARÁS HACIENDO ANTES DE COMPRARLES UN MÓVIL Y SUS RESPUESTAS

¿Pueden consumir demasiados contenidos violentos?

Haz un ejercicio: entra en YouTube y busca en las Tendencias de España. Los vídeos que aparecen son los más vistos del momento y en numerosas ocasiones se muestran contenidos crudos o morbosos que seguro que no quieres que tus hijos vean. La mejor forma de influir en los contenidos que tus hijos descubren directamente es proponerles otros más interesantes. También puedes aprovechar los vídeos del momento para generar una conversación con ellos. Explícales cuáles son las consecuencias de ver vídeos demasiado violentos, cómo puede afectar la difusión de un contenido relacionado con bullying a la persona que lo sufre, o anímalos a ponerse en la situación de quien lo vive. Tus hijos lo entenderán perfectamente.

¿Van a ver pornografía?

Es muy probable. Hay numerosos estudios sobre el consumo de pornografía en jóvenes y, entre otros datos, algunas investigaciones afirman que el 90 por ciento de los chicos y chicas de trece y catorce años ha consumido pornografía. Aparte de tomar ciertas medidas de seguridad, lo importante es que puedas transmitir a tus hijos los mensajes que quieras sobre este tema.

¿Qué les puede pasar por tener móvil?

Tener móvil no significa cambiar de realidad. Los riesgos, en gran medida, son los mismos que pueden sufrir en otras situaciones. Internet ofrece algunas novedades, pero no lo cambia todo. El uso del móvil puede agravar ciertas conductas negativas (bullying, preocupación excesiva por el físico, complejos, etc.), pero también puede ayudar a educar en estos temas. Aprovecha sus descubrimientos digitales y presta atención a su comportamiento para tratar asuntos interesantes.

Todos los de su clase tienen móvil, ¿tengo que comprarle uno? No hay nadie en su clase con móvil, ¿se lo compro ya?

Cuántos amigos de nuestros hijos tienen móvil no es suficiente para determinar si tenemos que comprárselo o no. Tampoco al contrario; aunque nadie tenga móvil en clase, tal vez nuestros hijos sí lo necesiten. En cualquier caso, es un indicativo sobre el momento en el que es importante plantearse la cuestión. Las relaciones sociales también pasan por lo digital y quizá a nuestros hijos, además del contacto físico, les haga falta relacionarse mediante el móvil. Un uso adecuado puede ser positivo, del mismo modo que un uso inapropiado puede tener consecuencias negativas.

¿Y si no me gusta la gente a la que siguen mis hijos?

¿Tus padres te dijeron alguna vez eso de «no me gusta la gente con la que sales»? Es difícil influir del todo en los contenidos que consumirá tu hijo con su primer móvil, pero tú tienes una ventaja: puedes saber qué mensajes están recibiendo tus hijos casi en tiempo real. Esa ventaja puede servirte para adelantarte, intentar explicar las cosas desde tu punto de vista y hacerle entender que sus nuevos amigos digitales no lo hacen todo bien o, por el contrario, muestran contenidos interesantes.

Antes de ir a comprarle el móvil, ten en cuenta estas posibles trampas:

- **Darle un móvil de alta gama que antes era tuyo.** Renovar nuestro móvil y darle el antiguo a nuestro hijo (un móvil antiguo que probablemente tenga un valor económico elevado) es todo un clásico. Si nos parece un despropósito comprarle un primer móvil de gama alta, ¿por qué le entregamos uno de ese valor con la excusa de que es viejo y está usado?

- **No poner límites.** Al igual que la comida, bebida o cualquier otro aspecto de nuestra vida, se trata de buscar el equilibro y enseñarles a usar estos dispositivos de forma moderada y responsable. Para lograrlo, podemos seguir unas ciertas pautas a la hora de limitar y orientar el uso de las nuevas tecnologías en nuestros hijos.

- **Abusar de los juegos tecnológicos.** Hoy en día la mayoría de los juegos que no implican un esfuerzo físico

—como el pilla-pilla o el escondite— tienen su versión app. Tres en raya, ajedrez, Trivial, Apalabrados, etc. Por muchas ventajas que tengan las aplicaciones móviles, es importante estimular a nuestros hijos a jugar a otros juegos, los de toda la vida, de forma real y no virtual, desarrollando así habilidades sociales y disfrutando de la compañía de los demás.

- **Las pantallas como única fuente de diversión.** Asegúrate de que se divierten con otras actividades: leer un libro, cantar, bailar, practicar algún deporte o tocar un instrumento. No podemos desatender esas otras actividades que enriquecen su imaginación y nos hacen pasar buenos ratos junto a ellos. Al mismo tiempo, las pantallas pueden ser una ayuda en este contexto: ¿no te habría gustado tener cursos de guitarra gratis que pudieras consultar cuando quisieras? ¡Ser autodidacta es más fácil que nunca!

CUANDO LO VEAS PREPARADO PARA SU PRIMER MÓVIL, SIGUE ESTOS PASOS

Haz que el día de la entrega sea algo especial. Van a asumir una nueva responsabilidad en sus vidas, por eso es bueno que lo aprecien desde el principio. Una buena idea es quedar a comer a solas con él, sin que interfiera ningún hermano pequeño con posibles celos. De esta manera percibirá que lo que le vais a dar es algo que exige madurez y responsabilidad: de adultos para otro adulto. Llevad con vosotros nuestro contrato descargable para móviles y explicadle lo que supone cada punto del buen uso que le exigís. Pedidle que lo firme para cumplir con su compromiso. Para delimitar espacios sin móviles, enséñadle el parking donde lo va a depositar a la hora de comer y antes de ir a dormirse, cuando lo apague. Móvil + contrato + parking: no se concibe el uno sin los otros dos. El buen uso del primer móvil se hace apoyándonos en estas dos herramientas.

Configurad juntos la seguridad del dispositivo. Cuando consideras que tu hijo está preparado para tener su primer smartphone te puede surgir una pregunta: ya le he dado el móvil, pero ¿cómo tengo que configurar el teléfono para que sea seguro? Hay que tener en cuenta, y esto nos sirve también para nuestros dispositivos, que un smartphone almacena gran cantidad de información personal: nuestros datos, los mensajes que enviamos o recibimos, nuestras fotos y vídeos... Si alguien consigue hacer uso de nuestro móvil, porque lo perdemos, lo hackean o nos lo roban, tendría mucha información sensible que le podría permitir hacernos daño. Los riesgos a los que nos enfrentamos por no proteger bien el móvil pueden ser desde los daños provocados por virus y malware de todo tipo, hasta los ataques a nuestra intimidad y reputación. ¡Merece la pena hacer el esfuerzo por configurarlo bien!

- **Enséñale a crear contraseñas seguras.** Una de las primeras cosas que hay que hacer es decidir una contraseña para desbloquear la tarjeta SIM del dispositivo o acceder a las aplicaciones. Las contraseñas seguras cumplen estas características:

  - Están formadas por al menos ocho caracteres (en el caso de la SIM, suele ser de cuatro dígitos).
  - Si es posible contienen letras mayúsculas y minúsculas, números y caracteres especiales.
  - No se refieren a datos personales (fechas de cumpleaños, teléfonos, nombres...).

- No son una serie fácil de adivinar (abcd, 1234, aaaa, etc.) y no se repiten en distintas aplicaciones.
- Si eres olvidadizo puede serte útil anotar las contraseñas en un cuaderno (no en el propio dispositivo) o utilizar un gestor de contraseñas para almacenarlas.
- Conviene cambiarlas al menos dos veces al año.
- Para que cada vez que enciendes el móvil te pida esta contraseña, debes configurarlo en el menú de ajustes del teléfono → Seguridad → Bloqueo de la tarjeta SIM.

- **Definir un tiempo de bloqueo de la pantalla.** Los dispositivos móviles permiten crear una contraseña o patrón de bloqueo de la pantalla y decidir el tiempo que tardará en bloquearse cuando no se está utilizando. Es importante proteger así el dispositivo para evitar que otra persona en un descuido pueda publicar por nosotros o utilizar el dispositivo sin nuestro permiso. El patrón de bloqueo se configura en el menú de ajustes del teléfono → Dispositivo → Pantalla de bloqueo (los pasos pueden variar dependiendo del dispositivo). Recuerda configurar el tiempo que tardará en bloquearse de forma que no sea ni muy breve (resulta incómodo) ni muy largo (resulta ineficaz).

- **Apps de control parental.** Los sistemas de control parental pueden ayudar especialmente cuando el dispositivo es utilizado por niños más pequeños, pero en ningún caso sustituyen a la mediación parental. Sus mayores ventajas son las de poder controlar los tiempos y los sitios de conexión y restringir el contenido. No obstante, el control más efectivo es tener conversaciones tecnológicas con tus hijos sobre usos saludables.

- **No es seguro acceder a cualquier wifi.** Lo siguiente que podemos hacer es configurar el tipo de conexión a internet que queremos tener por defecto. Normalmente los niños tratarán de conectarse a cualquier wifi, para ahorrar en su consumo de datos 3G/4G. Es conveniente que configuren el wifi de casa en el móvil; sin embargo, no es seguro que utilicen conexiones wifi públicas. Si las utilizan, que no envíen datos privados en ese momento. Cuando se accede a internet a través de conexiones wifi gratuitas y sin contraseñas hay un riesgo de que otras personas vean la información que enviamos; e incluso que puedan robar nuestras contraseñas. Cuando no estén en la zona de cobertura del wifi de casa, es recomendable que desactiven la opción del wifi por su seguridad y para ahorrar batería.

La vida después de su primer móvil: redes sociales y hábitos saludables con pantallas

Con su móvil metido en el bolsillo, nuestros hijos acceden a una dimensión digital completamente nueva. La manera que tenían de comunicarse antes con sus amigos era offline (en el cole) o mediada (a través del móvil de sus padres). Desde que adquieren su móvil estas conversaciones pasan a ser directas e interminables. Esto se potencia a través de los sistemas de mensajería instantánea donde las notificaciones de mensajes, audios, likes y comentarios en los perfiles de las redes sociales empiezan a bombardear sus pantallas.

La e-comunicación ha llegado a sus vidas y, para enseñarles a gestionarla correctamente, es necesario conocer cuáles son sus canales y, lo más importante, cómo los utilizan. Solo así podremos tener conversaciones tecnológicas útiles con nuestros hijos sobre usos saludables.

REDES SOCIALES: LO QUE DEBEN SABER A TRAVÉS DE TI

- **La edad legal de cada red.** La franja de edad puede variar, pero por lo general se sitúan entre los trece y catorce años. De esta manera los hacemos conscientes de que su uso está regulado.

- **Nos abrimos el perfil juntos.** Si ya tiene la edad y lo ves preparado/a para gestionar su propio perfil, es importante que lo hagáis a la vez. Puede ser recomendable abrirte con él/ella otro perfil si no lo tienes e ir siguiendo a la vez los pasos de configuración (subir foto, escribir pequeña biografía, etc.).

- **Gestionamos la privacidad.** Resulta esencial enseñarles a poner el perfil en modo privado y seguir la máxima de no aceptar personas a las que no conozcas en la vida real.

- **Nos comprometemos a hacer un uso responsable.** Y eso quiere decir comunicar siempre en positivo y no decir nada que no digamos en la vida real o que no nos gustaría que nos dijesen a nosotros.

- **Siempre desconfiamos de premios y ofertas extraordinarias no solicitadas.** Los ciberdelincuentes utilizan la ingeniería social para llamar su atención y conseguir sus contraseñas o sus datos personales.

- **Mantener la idea de que no hay secretos en familia.** Cualquier problema que surja a través de las redes sociales es importante compartirlo con nosotros para poder ayudarle. Puede ser recomendable que conozcas las contraseñas de tus hijos, tanto del móvil como de sus perfiles en cada red social que utilicen.

- **Hay información sensible que es mejor no publicar.** Para ello, tenemos nuestro recurso descargable *Stopsharing*, donde viene el listado de información sensible que por seguridad es mejor no compartir: nombres y apellidos completos, números de teléfono, fotos con uniformes, direcciones o fotos identificables, matrículas de coches...

 Recurso disponible en **empantallados.com/libro**

- **Hablarles de la huella digital.** Todo lo que subimos a internet se queda registrado, por lo que esa información va configurando nuestra identidad digital dibujando un perfil concreto. Si googleamos nuestro nombre, nos daremos cuenta de ello. Hazles saber a tus hijos que esa información puede entorpecer la selección en una entrevista de trabajo o si optan a una beca. Así que mándales el siguiente mensaje: antes de publicar, piensa: «¿Esta foto me puede avergonzar en una futura entrevista de trabajo?». Si es así, no lo hagas. Cuidarás tu huella digital.

- **Preguntar por sus influencers / instagramers / youtubers favoritos:** mostrar interés por su universo digital en modas y tendencias. Aunque nos dé pereza todo lo relacionado con esos pequeños prescriptores de tendencias, es importante saber cuáles son sus referentes. No solo les transmitimos la idea de que nos interesan sus gustos online, sino que también sabremos qué tipo de mensajes les está mandando su influencer favorita.

- **Reforzar la autoestima (no todo vale por un like):** la baja autoestima tiene a veces relación con el exceso y la ansiedad ante las pantallas. La necesidad de estar conectados es uno de sus síntomas. Para impedir que la autoestima decaiga, podemos reforzar desde casa:

  - **Habilidades sociales y familiares:** que el primer like sea el nuestro.
  - **Cómo gestionar sus emociones:** pactar que no se pondrá agresivo al cortar y, si sucede, describir las consecuencias.
  - **Tolerar la contradicción y la espera:** no adelantar regalos y acostumbrarlo a recibir sorpresas y a no pedir regalos con excesivos detalles, como color u otros.
  - **Comunicarse personalmente:**
    - Con comunicación verbal y no verbal, presencial y no presencial.

- ◆ Escuchándolos sobre cualquier tema y respondiéndoles siempre.
- ◆ Limitando nuestros mensajes emocionales por vías digitales: empleando más estos canales para mensajes informativos y lo presencial para los afectivos.
- ◆ Ampliando el vocabulario que utilizamos ante él, especialmente en lo referente a emociones.
- – **Mostrarles modelos heroicos asequibles:** con nuestra vida, la de abuelos, familiares, o con lecturas, series y películas.

- **No unirse a los *challenges* o retos virales para ganar popularidad.** Según *Healthy Children*, que pertenece a la Asociación Americana de Pediatría, los retos virales peligrosos triunfan entre los más jóvenes porque el cerebro adolescente todavía está en desarrollo, algo que los hace ser más impulsivos provocando que actúen sin pensar en las consecuencias. Además, aseguran que las redes sociales premian las actitudes escandalosas y que la dictadura del like obliga a los jóvenes a actuar así para sentirse aceptados por los demás sin pensar en el peligro que puede ocasionar para sus vidas.

El proceso de un *challenge* es bien sencillo. Lo graban con el móvil, lo suben a las redes sociales y esperan a tener más likes que el resto de sus amigos. Es esencial hablar con ellos, hacerlos entender los riesgos que conlleva, lo absurdo que es someterse a un *challenge* peligroso, y hacerlos conscientes de que no necesitan likes para molar.

Lo más importante en este contexto es saber transmitir a los hijos que el reconocimiento externo y la popularidad nunca pueden ser motivos suficientes para dejar de lado el sentido común. Y ¿por qué no animarlos a sustituir los *challenges* negativos por propuestas virales que cambien el mundo?

- **No compartir contenidos que me puedan avergonzar:** transmitirles la importancia de cuidar su huella digital controlando la exposición que hacen de su imagen. Ellos son los dueños únicos de esta y no pueden dejarla en manos de cualquiera. Antes de compartir un contenido propio, piensa si puede afectar a tu huella digital el día de mañana. Ahora, más que nunca, una imagen vale más que mil palabras.

PAUTAS PARA TENER HÁBITOS SALUDABLES FRENTE AL USO DE PANTALLAS

- **Cuidar el sueño y la alimentación:** dejar de usar los dispositivos una hora antes de irse a la cama y no comer delante de una pantalla.

- **Vigila el consumo compulsivo de series:** bautizado en inglés como *binge-watching*, el maratón o atracón de series es una realidad entre los adolescentes y no tan adolescentes. Cada vez son más los que al terminar de cenar con sus padres, marchan con entusiasmo a sus habitaciones y con su tablet o móvil disfrutan de uno o dos capítulos o lo que el sueño buenamente les permita. No es de extrañar que luego aprovechen las clases en el colegio para recuperar el sueño perdido. Aunque nos pase desapercibido, la acción de ver varios capítulos de una misma serie de forma continuada sin descanso fomenta el sedentarismo y puede afectar al sueño.

Para evitarlo, es importante seleccionar el contenido previamente y anteponer la calidad sobre la cantidad. Además, si tus hijos quieren ver una serie, infórmate antes para saber si es adecuada para su edad. También te puede ayudar nuestro Planificador de Series descargable, con el que podrás medir tu tiempo para no pasarte las horas respondiendo sí a la famosa pregunta: «¿Veo el siguiente capítulo?».

 Recurso disponible en **empantallados.com/libro**

- **Practicar algún deporte:** en equipo o individual. Sea cual sea la actividad física que se practique, siempre conlleva beneficios físicos y psíquicos que afectan de manera positiva en nuestra salud. Es el mejor antiestresante para enfrentarse a la etapa de exámenes y una manera sana de evadirse de la rutina sin tener que recurrir a la tecnología. Anímale a que lo practique al aire libre siempre que pueda y que evite llevar encima el móvil. Veinte minutos sin un dispositivo tecnológico al lado es algo reparador.

- **Tener una afición:** coleccionismo, alfarería, cocinar, tocar un instrumento, coser... Existen tantos hobbies como personas hay en el mundo, así que anima a tu hijo o hija a que encuentre el suyo. Y si no tiene, siempre puede empezar uno. Todo es pararse a pensar qué le gustaría aprender a hacer y ponerse a ello.

- **No perder el contacto offline con los amigos:** puede parecer una exageración, pero el confort que genera estar constantemente e-comunicados pasa factura al concepto de amistad y provoca falta de empatía hacia los demás. Muchos creen que la amistad se mantiene a base de wasaps esporádicos (o peor aún: compulsivos). De ahí que se empiecen a generar ciertos fenómenos antisociales como el *ghosting* (dejar de contestar a alguien con quien mantenías una relación y desaparecer cual fantasma) o el *phubbing* (ignorar a una persona que tienes delante por prestar atención al teléfono móvil). Las pantallas están creando interferencias en nuestra manera de relacionarnos con los demás, por eso debemos darnos cuenta y retomar lo que más nos gusta hacer en su compañía: transmitirles que nos importan y quedar físicamente con ellos.

Conclusión:

- Las pantallas introducidas en los hogares con un cierto orden, donde los hijos han sido educados siguiendo rutinas y desarrollando destrezas para hacer un uso responsable, son una garantía de que existan hogares tecnológicos saludables para las familias del siglo xxi.

- Todo parte de querer adaptarse a nuestra nueva realidad social y dotar a nuestros hijos de herramientas para ello, empezando nosotros con nuestro buen ejemplo.

Del control a la autonomía progresiva (dieciséis años en adelante)

Tener un hijo es una experiencia que lo cambia todo en la vida. Todo. Cuando van creciendo, también cambia el modo en que nos relacionamos con ellos. Las normas que de pequeños formaban parte del día a día de repente se convierten en una fuente de conflictos. Lo que estaba claro, ahora se cuestiona. Y lo que nos unía, puede llegar a separarnos. O todo lo contrario.

En la adolescencia, la separación es necesaria; cada vez el mundo de nuestros hijos es más propio y menos nuestro. Se trata de un proceso difícil. Frente a esta autonomía, nuestra reacción habitual suele ser la preocupación. De algún modo, perdemos el control y sus decisiones empiezan a ser más personales.

Parece que nos encontremos ante un panorama gris, en el que dejamos de ser los referentes de nuestros hijos para convertirnos, en muchos ámbitos, en sus enemigos, sus perseguidores, sus detectives; o quienes les dicen constantemente lo que tienen que cambiar, lo que no están haciendo bien o lo que podrían mejorar. Pero queremos empezar este capítulo con un mensaje de esperanza. Aunque la relación con tus hijos haya cambiado a lo largo del tiempo, no hay nadie más importante para ellos que tú. Incluso si te repiten varias veces al día que no te soportan o que están hartos, nadie se cansa de las personas que más lo quieren en el mundo. ¡Ánimo!

PANTALLAS Y AUTONOMÍA

Si tus hijos comienzan a ser más autónomos en la vida, también deberán ser autónomos con las pantallas. Es normal que frente a la autonomía se consoliden hábitos buenos y otros mejorables. Puede que, de repente, las pantallas se conviertan en un foco excesivo de atención y que debamos ayudarlos a moderar su uso. En este sentido, igual que en otros aspectos de la vida, tu papel es muy relevante. Lo difícil es que ya no funcionan las palabras. Tus hijos reciben mucho más desde el ejemplo que desde el consejo.

Si encuentran su autonomía con unas bases sólidas, habiendo aprendido a utilizar las pantallas con orden y con unas normas que puedan imponerse a sí mismos, enhorabuena: los próximos años van a ser más sencillos. Hasta el punto de que, en ocasiones, serás tú quien te sorprendas por su capacidad de autocontrol cuestionando incluso el uso que tú haces de los dispositivos.

En otras ocasiones, es probable que a partir de esta autonomía descubras comportamientos que no te gustan. La adolescencia tardía es especialmente compleja porque se desdibujan aún más los conceptos de autoridad y de obediencia y, por tanto, se dificulta el modo en que podemos ayudar a nuestros hijos.

La perspectiva de la educación probablemente tenga más sentido a partir de ahora en el contexto de la colaboración o la ayuda mutua. Una técnica que puede ser infalible es pedir ayuda a un adolescente con algo que él no consigue controlar o que lo supera. Por ejemplo, ¿te has planteado preguntarles a tus hijos qué harían en el caso de estar enganchados a un dispositivo?

Imagínate que, en vez de echarles en cara el tiempo que pasan con las pantallas, les dices que a ti te cuesta mucho pasar un rato sin mirar el móvil y les planteas si pueden ayudarte con eso. Incluso aprovecha para preguntarles cómo podéis afrontarlo mejor los dos a la vez.

Dentro del nuevo contexto de libertad que les otorgues, es importante que algunas de las claves más relevantes en el uso de pantallas sigan formando parte de tu autoridad. Según la confianza que tengáis, tendrás mayor o menor capacidad de influir en los contenidos que consumen o en los que no deberían consumir, pero en relación con las normas de convivencia sigues teniendo el control. Y es fundamental que se sepa. En el hogar, las pantallas incluyen normas que afectan a todos los miembros de la familia.

LOS INNEGOCIABLES: SUEÑO, EQUILIBRIO ONLINE Y OFFLINE

En tu Plan Digital Familiar (del que te hablaremos en la segunda parte) debes incluir pautas claras sobre el descanso y el sueño. A lo largo de los últimos años, algunos estudios nos dan pistas sobre cómo afectan las pantallas al sueño, especialmente en adolescentes. La mayoría de los problemas tienen como causa común el uso de pantallas en el dormitorio.

Las pantallas tienen una relación directa con el sueño y utilizarlas durante las horas previas a acostarse influye negativamente en el tiempo que tardamos en quedarnos dormidos y en el descanso a lo largo de la noche. Hay circunstancias fisiológicas, como el efecto de la luz azul en la percepción de la hora del día en la que nos encontramos, y otras más psicológicas, como el hecho de sentirse alterado o excitado por los últimos contenidos que hemos visto.

Por ejemplo, no es lo mismo pasar de un momento de lectura a dormir que pasar de un vídeo de acción o frenético a tener un estado de paz que nos permita conciliar el sueño. Entre las medidas que nos parecen muy necesarias, no dormir con el móvil cerca es una muy básica que causa un efecto directo en la calidad del sueño de nuestros hijos. Esta medida también suele ser una fuente de discusiones, pero desde tu ejemplo, no romper esta norma será más o menos sencillo.

Además del sueño, en esta edad también es importante promover el equilibrio entre actividades online y offline. Según el carácter de nuestros hijos, quizá se sientan más motivados a pasar tiempo online u offline, pero en cualquiera de los dos casos podemos aprovechar para pedirles equilibrio. La autonomía requiere autogestión y autoexigencia, por lo que los privilegios o libertades que vayamos dándoles deben ir acompañados, de modo habitual, por responsabilidades. Si tienen hermanos más pequeños, hazles responsables del uso que sus hermanos dan a los dispositivos. Esto también los ayudará a saberse un ejemplo para los demás.

Puede que tus hijos realicen actividades online y offline, pero enfocadas siempre a lo mismo. Si les encantan los videojuegos, anímalos a que hablen con sus amigos de más temas que de los juegos que comparten. Si solo les gusta el fútbol, dedícales tiempo para que aprendan más sobre otros aspectos de la vida. Si lo único en lo que piensan es en la ropa que llevan, enséñales qué hay detrás de la moda, para que descubran el diseño, la ilustración, el arte, etc.

En el fondo, el equilibrio no solo consiste en corregir desequilibrios. También es esencial prestar atención a los cambios en el carácter y la personalidad de nuestros hijos para aprovecharlos como una nueva oportunidad.

> Es importante que no perciban estas normas o medidas como un enemigo, sino como un elemento necesario para ser felices y tener una vida saludable.

En los casos más drásticos en los que sea necesario aplicar medidas duras como quitarles las pantallas o moderar mucho su uso, hazles saber que tampoco resulta agradable para ti.

CÓMO FOMENTAR EL CRITERIO PERSONAL EN NUESTROS HIJOS

A partir de la adolescencia, el esfuerzo que hemos ido haciendo en los años anteriores cobrará cada vez más sentido. En el momento de ser autónomos, nuestros hijos recurrirán a los recursos y opciones que les hayamos ayudado a entender desde que eran muy pequeños. En este punto, uno de los hitos más importantes es el de trabajar su propio criterio y ayudarlos a formarlo, así como estar pendientes de las conductas o de los contenidos que no se ajustan a cómo piensan.

Hay una interesante relación entre el criterio personal y el gusto personal. El criterio es la capacidad de decidir qué es bueno para mí en cada momento y qué conductas o contenidos es mejor evitar o sustituir. En muchos casos, en torno a los dieciséis años surgen las conductas que menos nos gustan como padres en nuestros hijos. Por ejemplo, muchas veces dejamos de sentirnos cómodos con los amigos con los que comparten el tiempo; o nos damos cuenta de que dedican menos horas al estudio de lo que nos gustaría.

Si bien es cierto que la autonomía incluye una serie de riesgos difíciles de gestionar por nuestra parte, también sucede que los hijos nos sorprenden con conductas positivas. Es habitual que descubramos rasgos de su carácter y de su personalidad que son muy atractivos: desde ver como son generosos con otras personas hasta darnos cuenta de que tienen algún talento para la música, que han desarrollado un gusto especial por el cine o la fotografía, que tratan bien a sus hermanos o a sus amigos, etc. Por eso, intenta ser justo en la valoración. Si te centras solo en lo que tu hijo hace mal, probablemente no consigas ayudarlo en este aspecto.

Formar el criterio tiene más que ver con fomentar conductas que con prohibirlas. Es decir, la meta en este apartado es conseguir que nuestros hijos se interesen más en lo que les conviene más. Puede ser el estudio, pero también entran aquí muchos otros campos de la vida.

Ayudarlos a que sepan optar por
buenos contenidos audiovisuales,
buenas lecturas, buenos amigos,
y que dediquen el tiempo necesario
en cada circunstancia es todo un reto
que, sin duda, os hará divertiros
y sufrir a partes iguales.

No tenemos una receta sencilla para formar el criterio; si fuera así bastaría con enumerar una lista de tareas para que puedas revisarla, pero a lo largo de estos años hemos descubierto algunas actividades y métodos que sirven para que tus hijos cuenten con tu referencia a la hora de establecer su criterio personal.

El primer truco es bastante sencillo, pero requiere esfuerzo. Compartid contenidos y comentadlos. Ver una película en familia o descubrir un contenido de YouTube juntos genera un contexto de diálogo perfecto para hablar de asuntos muy variados. Si durante una cena, por ejemplo, quieres saber qué piensa tu hijo sobre algún tema, tal vez sea incómodo preguntárselo directamente. De hecho, es habitual que las preguntas directas se respondan con un «yo qué sé». En cambio, a un adolescente le resulta más sencillo hablar de su intimidad en tercera persona. A partir de una película es mucho más fácil debatir y proponer nuestros pensamientos que desde la reflexión directa. El motivo es bastante sencillo: en una nos exponemos y en otra no tenemos la impresión de hacerlo.

Este truco no tiene como finalidad engañar a nuestros hijos para sacarles lo que piensan a regañadientes, sino algo bastante distinto. En el debate sobre un contenido, establecemos una posición de igualdad. Sin tener que hacer ningún esfuerzo, todos nos convertimos a la vez en personas que hablan y escuchan. En cambio, si en la sobremesa se recurre a preguntar, nosotros preguntamos y ellos responden. El debate es un contexto mucho más interesante en el que dejamos un espacio de libertad para que ellos puedan expresarse y nosotros nos vemos obligados a justificar, igual que ellos, por qué pensamos lo que pensamos. Llegados a este punto, lo más importante es que tengas paciencia. Cuéntales con sinceridad y con calma qué piensas y por qué, y déjales que reflexionen. Eres un referente para ellos, no lo dudes, y aunque a veces cuesta asimilar el consejo de un referente, todo lo que nos dicen nuestros padres acaba calando, antes o después.

El segundo truco consiste en entender su punto de vista. A veces nos centramos en la consecuencia última de un pensamiento, porque es el hecho más visible y el que más nos incomoda o nos gusta. Pero, para educar a un adolescente, hace falta ponerse en sus zapatos de vez en cuando. Intenta dedicar más tiempo a entender por qué piensan o por qué actúan de un modo determinado y cuando consigas mirar la realidad como la miran ellos, también encontrarás modos más sutiles y más directos de ayudarlos.

Es normal que juzguemos la realidad de nuestros hijos desde nuestra experiencia, pero si hacemos un poco de memoria, nosotros también hemos vivido momentos de incertidumbre y de hacernos preguntas. En la adolescencia, tus hijos están formando su opinión y su visión de toda la realidad, a la vez que intentan saber quiénes son, para qué están en el mundo y cuál es su misión. Algunas de estas respuestas se obtienen muy tarde o incluso van cambiando a lo largo de la vida, por lo que debemos ser pacientes en todo lo que no constituya un problema o un daño directo para ellos.

Al mismo tiempo, si crees que es importante prohibir alguna conducta o establecer medidas más directas, no dudes en explicarles por qué en determinados aspectos simplemente deben hacerte caso. Este equilibrio entre autoridad y potestad es difícil de vivir en el día a día, pero el esfuerzo que hagas marcará la relación que tendrás con tus hijos durante toda la vida.

Piensa en la adolescencia como en una circunstancia que durará unos años y que también puede ser un contexto en el que disfrutes de la relación con tus hijos. Aunque durante la adolescencia no lo parezca, ellos te miran como la persona que más los quiere en el mundo; y antes o después, valorarán tus consejos y tu acompañamiento del mismo modo.

EL IMPORTANTE ESPACIO DE SU INTIMIDAD

Hay una última clave que nos gustaría comentar sobre la adolescencia: el respeto a la intimidad de los hijos. Cuando detectamos un problema o vemos algo que nos incomoda en nuestros hijos, a veces surge un ímpetu que nos lleva a no respetar su intimidad. Después de meses en los que no conseguimos que nos cuenten algo que está pasando o en los que sospechamos que hay algo más que lo que vemos, podemos pensar que el mejor modo de actuar es cortar por lo sano.

Invadir la intimidad de tus hijos tiene un efecto directo en la manera en que os relacionaréis en adelante. Puede parecer que solucionamos un problema, pero estamos generando otro mucho mayor: el de la pérdida de confianza. Para sentirnos acogidos por alguien necesitamos saber que va a estar ahí cuando lo necesitemos y que nos esperará hasta que nosotros podamos acercarnos. Por eso, en muchas ocasiones, tiene más sentido esperar a nuestros hijos que perseguirlos. No se trata de tener una actitud pasiva frente a los problemas, sino de ayudarlos más en los problemas que estén dispuestos a confiarnos.

Normalmente, una pérdida de confianza en estas edades puede solucionarse y en este caso sí que tenemos una receta mágica, en concreto, una palabra: perdón. Si has sido demasiado duro o demasiado directo con tus hijos y crees que vuestra confianza se ha visto afectada, pedirles perdón y explicarles por qué te has visto obligado a hacer algo que no les ha gustado ayudará mucho. Nuestros hijos deben entender que nosotros también nos equivocamos y que hay muy pocas cosas que no puedan solucionarse hablando. Perdonar es crucial en este punto de la educación y nosotros también tendremos que pedirles perdón muchas veces.

Conclusión:

- En esta fase de progresiva autonomía tecnológica es normal perder la paciencia a veces y también es normal que ellos la pierdan. Por eso, no podemos pensar en la educación durante la adolescencia de un modo idílico.

- Lo más importante es no desanimarse, estar dispuestos a volver a empezar cada vez que discutamos o que no lleguemos a un acuerdo e insistir con paciencia hasta que creamos que ya hemos ayudado a nuestros hijos.

- Lo mejor de la adolescencia es que termina, y también que es una etapa de la vida que influye mucho en la configuración de nuestro carácter y nuestra personalidad. Si tus hijos saben que siempre tendrán cerca a un padre o a una madre paciente y dispuesto a ayudarlos, has ganado definitivamente la batalla.

#3

Los adultos: padres y educadores

La importancia del ejemplo

Las pantallas son un tema de conversación habitual entre adultos. Que si mi hijo está enganchadísimo, que si no sé cómo hacer que quede con sus amigos, que si estudia menos por culpa del móvil... Es cierto que nuestros hijos tienen un contexto difícil: deben aprender a moderar el uso de dispositivos desde que son pequeños y al mismo tiempo necesitan usarlos para distintas actividades, como los trabajos del colegio o la búsqueda de información. Por no hablar de la relación entre ocio y pantallas, que cada vez es más amplia.

Pero a veces nos olvidamos de otra pregunta que tenemos mucho más cerca y en la que podemos actuar de modo más directo: ¿qué hacemos nosotros con las pantallas? Y otra incluso más importante: ¿qué hacemos con las pantallas cuando estamos cerca de nuestros hijos?

Si analizas tu relación con los dispositivos digitales, es probable que encuentres puntos de mejora o cuestiones que te gustaría modificar, como el tiempo que les dedicas o el tipo de contenidos que consumes.

Si crees que ya mantienes una relación sana con las pantallas, lo tienes más fácil para educar a tus hijos. En cambio, si detectas cosas que no te gustan o si crees que debes profundizar un poco más para conocerte mejor y tener información, te recomendamos que dediques un poco de tiempo a valorar datos y pedir consejo a otras personas sobre cómo creen que te relacionas con las pantallas.

Hay dos métodos sencillos para valorar cómo usas los dispositivos digitales, uno es deductivo y el otro es reactivo. En primer lugar, instala alguna aplicación que mida tus tiempos de uso y que incluya también información sobre las aplicaciones concretas a las que dedicas más tiempo. Al cabo de una semana, serás capaz de ver cuántas horas pasas al día con el móvil, cuántas veces lo desbloqueas, cuántas notificaciones recibes e incluso cuánto tiempo concreto has pasado en cada aplicación. Si algo no te gusta, este es el mejor modo de descubrir qué es para poder cambiar lo que consideres oportuno.

Otro método, el reactivo, consiste en ver qué te pasa cuando dejas de tener un dispositivo digital cerca. Puedes dejar el móvil en casa un día y salir a la calle o desinstalar las aplicaciones que más uses o, una alternativa que también da muchas pistas, desactivar las notificaciones. Te darás cuenta de que necesitas acudir al dispositivo de manera bastante frecuente y en este momento también podrás tomar decisiones sobre cuánta atención quieres dedicarle a tu teléfono o cuánto de tu tiempo está marcado por solicitudes externas, ya sean notificaciones o consultas directas que hagas en tus dispositivos.

Padres empantallados

En Empantallados siempre intentamos afrontar la realidad desde una perspectiva honesta. Por eso no somos antipantallas ni propantallas; creemos, simplemente, que lo más importante es descubrir la realidad de las pantallas con una perspectiva enfocada en la educación de los hijos. El contexto digital es nuevo y requiere formación, y somos conscientes de que muchos padres y madres se encuentran en un mar de dudas cuando tienen que dar el primer dispositivo a sus hijos.

Algo frecuente al hablar con padres y madres es advertir que piensan más acerca del uso que sus hijos dan a los dispositivos que en el propio. El motivo, en realidad, es evidente. Nosotros descubrimos riesgos en las pantallas como adultos que nos asustan al ver a nuestros hijos con las mismas posibilidades. En cambio, esta preocupación a veces se traslada a medidas y restricciones para nuestros hijos que no aplicamos a nuestra propia conducta.

Los problemas de desórdenes o adicciones en el uso de pantallas también se dan en adultos. No se trata solo de educar a nuestros hijos desde fuera, sino de establecer un contexto en el que el bienestar digital se dé en toda la familia, empezando por nosotros.

Todos estamos un poco empantallados. Es difícil vivir en el contexto social actual sin dedicar tiempo al uso de dispositivos electrónicos y en muchas ocasiones nos gustaría dejar de usarlos, pero nos vemos obligados a pasar horas delante del ordenador o del móvil por motivos de trabajo, razones personales, gestiones, etc. Antes de entrar en pánico, es importante que analicemos a qué dedicamos más tiempo.

A veces, el tiempo de uso de pantallas solo significa un desorden de otro tipo. Por ejemplo, pasar demasiado tiempo con un dispositivo digital por motivos de trabajo quizá sea, más bien, un desorden en el tiempo que dedicamos al trabajo. Por norma general somos más capaces de desconectar de lo que creemos, y poner límites nos ayuda a que el desorden vaya disminuyendo progresivamente.

Como entenderás, en este campo es difícil dar pautas concretas, porque nosotros mismos vamos probando nuevas medidas, herramientas y técnicas para mejorar nuestra relación con las pantallas a la vez que escribimos este libro. Lo que sí está claro es que prestar atención de modo recurrente a cómo nos relacionamos con los dispositivos acaba resultando beneficioso para el bienestar y para el orden que queremos en nuestra vida.

Aunque no existan unas pautas concretas, algunas experiencias pueden ayudarte a mejorar y a tomar las decisiones personales que consideres adecuadas. Te proponemos algunos retos o experimentos para que averigües cuál es tu relación con las pantallas y decidas qué prefieres hacer.

1. Desactiva todas las notificaciones durante un tiempo

Las notificaciones producen un estado de alerta en nosotros que nos lleva a consultar el móvil de forma más repetitiva e impulsiva. Una notificación es una llamada de atención que puede distraernos de otras muchas cosas hasta el punto de dificultar en extremo nuestra capacidad de concentración. Si desactivas las notificaciones, tu relación con un dispositivo cambia radicalmente. El dispositivo deja de ser quien decide cuándo tienes que mirarlo. En nuestra experiencia, desactivar las notificaciones produce un efecto rebote. De repente, empiezas a mirar el móvil con más frecuencia por si ha pasado algo y te lo has perdido por no recibir la notificación. Pero con el paso de unos días, tu cabeza se acostumbra a no consultar el móvil tan a menudo y eres tú quien decide cuándo consultas el correo electrónico o cuándo entras a WhatsApp para responder a los mensajes pendientes.

Este experimento también modifica el modo en el que te relacionas con algunas personas. Por ejemplo, muchas personas están acostumbradas a que les contestemos de forma casi inmediata a los mensajes que nos envían. Queda en tu tejado decidir si todo el mundo tiene derecho a recibir una respuesta inmediata por tu parte, pero como experiencia te adelantamos que habitualmente puedes contestar un poco más tarde y no pasa nada. Bueno, sí pasa algo. Los niveles de estrés y ansiedad bajan de forma drástica y empiezas a ser más capaz de realizar actividades largas, como leer o concentrarte en algo.

Si te sientes incapaz de desactivar todas las notificaciones de golpe, también puedes limitar las de algunas aplicaciones en concreto. Por ejemplo, puedes dejar activas las llamadas y los mensajes, pero desactivar el resto de las notificaciones para no mezclar ocio y trabajo. O bien, puedes dejar activadas las notificaciones de algunas personas en particular. Si quieres profundizar más en esta experiencia, también puedes apuntar las veces que has consultado el móvil después de desactivar las notificaciones, o incluso contabilizar las notificaciones realmente importantes que has recibido.

2. Establece límites de uso claros

Márcate un horario, en el que esté claro cuándo vas a dejar de usar una pantalla. Los límites pueden ser horarios o situaciones. Por ejemplo, no utilices las pantallas cuando llegues a casa, si trabajas fuera. O no las utilices cuando estés con tus hijos. O no las utilices cuando te encuentres en alguna habitación de la casa. Estas normas son más asequibles con el paso del tiempo, aunque cuestan mucho al principio.

Te recomendamos que pongas una hora límite para las pantallas o que cambies de dispositivo para diferenciar entre ocio y trabajo. Por ejemplo, en vez de consumir contenidos de YouTube, TikTok o Instagram en tu móvil, pasa a verlos en la pantalla de casa, con otros miembros de la familia. Esto te obligará a buscar contenidos comunes y te llevará a pasar menos tiempo desconectado de tu familia.

Además de estos límites que afectan de un modo más directo a cuánto usas los dispositivos, puedes poner otros límites de usos más enfocados al contenido que consumes de forma habitual. Por ejemplo, prueba a desinstalarte las aplicaciones en las que inviertes más tiempo durante unos días, unas semanas o unos meses, descarga apps de lectura que te lleven a pasar más tiempo leyendo que consumiendo contenidos audiovisuales, escucha música de forma más consciente, dedicando tiempo a la escucha en vez de tenerla de fondo, etc. Se trata de recuperar la noción de lo que estás haciendo en cada momento y valorar, en concreto, qué vas a hacer ahora con un dispositivo digital. Lo más nocivo desde el punto de vista del bienestar digital es pasar horas con un dispositivo navegando sin rumbo. Si quieres tener un rato de ocio en el que simplemente veas contenidos, márcate un tiempo para hacerlo y cambia de actividad pasado ese tiempo.

3. Pide ayuda

Si después de probar estas medidas te sientes incapaz de mejorar tu relación con las pantallas o si te asusta el hecho de estar dedicándoles demasiado tiempo, habla con alguien que pueda aconsejarte. En muchos casos puede ser tu pareja, en otros, un amigo o una amiga.

Tener la opinión de alguien externo nos dará muchas pistas y nos puede servir para que nos recuerden los límites que habíamos establecido en relación con las pantallas.

A veces, además de la ayuda de un amigo o de una persona cercana, hace falta acudir a un especialista que nos dé pautas concretas. En estos casos, no te preocupes, no eres la única persona que está pasando por lo mismo. Por suerte, hemos avanzado socialmente en este punto y los problemas de adicción o desorden relacionados con las pantallas cada vez se estudian más y cuentan con más técnicas y métodos para ser tratados.

La educación y la salud de tus hijos son muy importantes y es crucial abordarlas desde tu bienestar. Si eres capaz de tener una relación sana con las pantallas, también serás capaz de transmitir estos conceptos a tus hijos. ¡Ánimo!

La delgada línea roja: trabajo, gestiones, ocio

Al hablar de padres empantallados es habitual caer en un sentimiento de culpa o de desasosiego. De repente, nos damos cuenta de que podemos tener un problema o de que estamos dando mal ejemplo a nuestros hijos y nos invade una sensación desagradable. Creemos que, para ser justos en este punto, también es importante diferenciar entre adultos y niños.

Tú puedes pasar el tiempo que consideres oportuno con un dispositivo digital. No se trata de que te sientas culpable por tener que utilizar el móvil o el ordenador delante de tus hijos. En muchas ocasiones, tendrás que sacar el portátil después de cenar para acabar alguna tarea de trabajo, o quizá tengas que estar echándoles un ojo por encima de la pantalla porque toca cuidar a algún enfermo en casa. Hay una diferencia muy grande entre no atender a los hijos y no poder atenderlos en un momento determinado.

No te sientas culpable si, después de haber hecho un ejercicio personal y de estar esforzándote por vivir tu relación con las pantallas del mejor modo posible, todavía quedan situaciones o contextos en los que no te sientes del todo cómodo. Puedes explicar a tus hijos que en un momento determinado tienes que trabajar, y que después de trabajar estarás completamente disponible para ellos.

Los niños entienden a la perfección la diferencia entre un padre o madre que no les hace caso porque está a sus cosas y uno ocupado que los atenderá en cuanto pueda. Todos hemos escuchado frases como «papá, deja de trabajar y ven a jugar conmigo» o «mamá, es que pasas mucho tiempo trabajando y no nos haces caso». En esos momentos, se nos remueve algo por dentro y no sabemos qué es. Las llamadas de atención de nuestros hijos nos pueden dar muchas pistas sobre qué solicitan, pero debemos ser justos con nosotros mismos.

Puedes enfocar estas llamadas de atención de otro modo: por ejemplo, siendo más ordenado en los tiempos que dedicas al ocio, a las gestiones y al trabajo. Si un día tienes que trabajar hasta tarde y eso te impide estar con tus hijos, quizá puedas explicarles que, a cambio, vas a pasar un rato a solas con ellos el fin de semana.

Comunicación de pareja y tecnología

En muchos casos, el ritmo del día a día y la cantidad de cosas que hay que gestionar pueden llevarnos a pasar más tiempo discutiendo sobre aspectos organizativos que compartiendo ratos con nuestra pareja. Las pantallas también pueden favorecer este aspecto. Muchas conversaciones de WhatsApp en la familia se convierten en una sucesión de recados: «¿Puedes recoger hoy a los niños?», «Salgo tarde, hoy no llego al colegio», «Hay que pagar la multa de tráfico». Pregúntate si las pantallas pueden convertirse en un contexto más para cuidar vuestra relación y para comunicaros más allá de las gestiones por realizar. Un mensaje inesperado de cariño puede cambiarte el día por completo y también a otra persona.

Lo que sí está claro es que la comunicación online y offline es la gasolina que mueve el motor de las parejas. Si prescindimos de este carburante o hacemos mal uso de él, corremos el peligro de caer en el distanciamiento. Un distanciamiento que puede materializarse en modo de rutina y falta de conexión y que nos lleva al estancamiento.

Hoy en día, las prisas, el estrés laboral y el cansancio son verdaderos disruptores de la comunicación en pareja. Por eso es importante apoyarse en todas aquellas herramientas digitales que promuevan el diálogo, pero debemos tener claro que estas no sustituyen la comunicación analógica. Ver el rostro del otro, escuchar su tono de voz, mirarse a los ojos, guardar silencios… La comunicación verbal y no verbal que llevamos a cabo en nuestra vida real forma parte de un proceso enriquecedor que nos ayuda a empatizar mejor con los sentimientos y necesidades del otro.

> La tecnología es un 'tercero' que ha
> entrado en nuestras vidas y hay que
> aprender a gestionarlo, pues puede
> hacer que desaparezcan los espacios de
> conversación de la pareja, tan necesarios.

Por ello, para lograr una comunicación online-offline equilibrada en pareja, es necesario considerar algunos aspectos. Aunque este tema daría para un libro entero, estas son algunas pinceladas a tener en cuenta:

- **Tiempos de uso tecnológico individual:** contestar wasaps familiares, buscar información, ver un vídeo de YouTube…, todo ese consumo digital individual es necesario, por eso es importante hablarlo y acordar tiempos de uso que no interrumpan vuestro espacio de comunicación en el hogar.

- **La mensajería instantánea para casos concretos:** como decíamos anteriormente, es muy útil para señalar encargos o recordatorios, pero no para tener conversaciones largas; ni mucho menos, discusiones. Los temas importantes requieren un espacio presencial.

- **La tecnología no sirve para controlar:** esperar del otro una contestación al instante cuando mandamos un mensaje, espiar el móvil o tomarnos como un signo de desprecio el doble check azul sin contestación, puede ser poco recomendable. La tecnología debe servir para unirnos, no para lo contrario.

- **Pactar los momentos de exposición en redes:** si a uno de los dos le gusta retransmitir su vida en las redes sociales, tiene que contar con la aprobación del otro, ya que forma parte de ella. Muchas veces esto se da por supuesto y no reparamos en si al otro le apetece ser el coprotagonista de ese story. La intimidad de la pareja existe y hay momentos que son solo vuestros.

Sharenting, ¿debería publicar fotos de mis hijos?

El *sharenting* es un término que surge de compartir contenidos —*share* en inglés— y paternidad —*parenting*—. Es un tema bastante difícil de abordar, porque las opiniones al respecto son muy variadas. Desde nuestro punto de vista, el hecho en sí de compartir fotos de tus hijos solo tiene una variable conflictiva: la reconocibilidad. Los problemas relacionados con el *sharenting* no surgen habitualmente en el momento de compartir los contenidos, sino cuando los niños son más mayores. De alguna forma, estamos tomando por ellos la decisión de exponer su imagen públicamente y quizá ellos no quieran hacerlo cuando crezcan.

El *sharenting* es una práctica que puede tener consecuencias negativas, por ejemplo, relacionadas con el bullying o con la exposición que nuestros hijos tienen frente a desconocidos. Sin duda, te recomendamos que no compartas contenidos en los que tus hijos puedan sentirse humillados de cualquier forma o en los que su intimidad pueda sufrir de algún modo. Quizá los contenidos que parecen muy graciosos cuando nuestros hijos tienen seis o siete años se vuelvan en su contra durante la adolescencia, si caen en manos inapropiadas. Muchas veces, unos niños se ríen de otros por contenidos que han compartido sus padres.

Como recomendación general, es mejor que las caras de tus hijos no sean reconocibles cuando compartas contenidos. Esta medida tiene un efecto evidente sobre la exposición de su intimidad, pero también influye positivamente en otros sentidos, como por ejemplo en la importancia que dan a su físico o en la percepción de su autoimagen. Por supuesto, eres tú quien debe valorar lo mejor en cada caso. Si preservas su intimidad y les explicas por qué lo haces, también será más fácil explicarles después por qué ellos deben hacer lo mismo. En el caso contrario, imagina que tus padres comparten fotos tuyas constantemente pero después te piden que tú no hagas lo mismo.

Además de los consejos previos sobre el *sharenting*, hay otro apartado que nos parece relevante en este punto. Entre los padres y madres que comparten de forma habitual contenidos de su familia, puede darse una desvinculación con la realidad. Obviamente, cuando compartimos contenidos intentamos que estén bien desde el punto de vista de la estética, es decir, no subimos imágenes de la habitación desordenada de nuestros hijos ni hacemos fotos de familia recién levantados y en pijama. En este sentido, no creemos que haya nada malo en intentar salir bien en una foto. En cualquier caso, si habitualmente subimos contenidos de la familia debemos ser conscientes del riesgo de buscar sin cesar la perfección y de obsesionarnos con la necesidad de generar contenidos en familia.

Si en algún momento detectas que te preocupa en exceso la apariencia de tu familia o la de alguno de sus miembros o si pasas demasiado tiempo pensando en planes idílicos para sacar una foto, etc., te recomendamos que estés una temporada sin compartir contenido, para disfrutar más de lo que está pasando y planificar menos en función de lo que necesitas compartir. En muchas ocasiones, la creación de contenidos puede convertirse en un conflicto dentro de la familia y es mejor aprender a poner límites también en este sentido.

Finalmente, si alguno de tus hijos prefiere no salir en los contenidos que compartes o te manifiesta algún tipo de vergüenza, presta atención a su visión e intenta respetarla al máximo. Es mucho más importante que tus hijos se sientan cómodos que tener seguidores, likes o cualquier tipo de interacción.

El papel de abuelos y familiares: la importancia de los criterios comunes

A veces, necesitamos que otros miembros de la familia o amigos nos ayuden en algún momento puntual a cuidar de nuestros hijos, bien pasando un tiempo con ellos o bien recibiendo su visita en casa. Otras veces, compartimos la convivencia con otros miembros adultos de nuestra familia que también se ven involucrados en la educación de nuestros hijos. Sean cuales sean tus circunstancias, las pantallas pueden ser un motivo de conflicto a la hora de establecer normas.

En muchas ocasiones, no dejamos que nuestros hijos utilicen pantallas en determinadas circunstancias, pero otros cuidadores sí les permiten hacer uso de ellas. Por ejemplo, es habitual la pregunta sobre cómo conseguir que los abuelos tampoco dejen los dispositivos móviles a los niños en ciertos momentos.

Para poder valorar la situación, es esencial que entendamos que no todos tenemos la misma formación sobre la relación entre niños y pantallas, y que en el caso de muchos abuelos, puede que no tengan la sensación de estar haciendo nada que pueda perjudicarlos cuando les dejan el móvil. Si a nosotros nos cuesta entender cómo educar en el mundo digital, imagínate a tus padres.

Por supuesto, la primera medida básica consiste en explicar a los abuelos o a los cuidadores por qué es importante limitar el uso de dispositivos digitales y ayudarlos a contar con recursos de entretenimiento o de distracción que no sean pantallas. Si les pedimos que no les dejen el móvil, pero no los ayudamos a tener alternativas, es difícil que cumplan nuestras normas.

Además, debemos ser muy pacientes. Recuerda que ellos también tienen derecho a cometer fallos y que se trata de ir mejorando poco a poco. Si crees que los abuelos son incapaces de no darles un dispositivo, te aconsejamos que seas tú quien determine qué dispositivo pueden usar los niños.

Por ejemplo, si dejas a tus hijos con una tablet que cuente con aplicaciones que limiten el uso que pueden hacer de ese dispositivo y que cuente con un registro de uso que puedas revisar con ellos. El uso que podrán dar a los dispositivos parte de los límites que tú has decidido.

En cambio, si los abuelos les dejan directamente su móvil, todas las medidas de control parental y de límites de uso que hayamos puesto en sus dispositivos habrán desaparecido de repente.

Además de intentar llegar a acuerdos y de explicar a los cuidadores de nuestros hijos qué normas hemos establecido, es importante que expliquemos a nuestros hijos que no pueden aprovechar una circunstancia externa para cambiar las normas que hemos pactado.

Por ejemplo, si habitualmente utilizan dispositivos de otros adultos para consultar páginas o aplicaciones que en casa no pueden utilizar, es probable que el problema no se dé solo con cuidadores distintos a nosotros, sino también en casas de amigos o en contextos en los que puedan utilizar dispositivos de sus compañeros de clase o amigos. Lo más importante, de nuevo, es haber explicado bien a nuestros hijos el sentido de las normas y las consecuencias en el caso de que se incumplan.

A veces tendremos que castigarlos y otras descubriremos un contexto nuevo de conversación. Lo esencial es que las pantallas no se conviertan en un motivo de conflicto excesivo con los abuelos o con los cuidadores de tus hijos. Recuerda que probablemente estén intentando hacerlo todo de la mejor forma que saben, así que pregúntales si puedes ayudarlos para que las normas de uso de los dispositivos se cumplan mejor cuando cuidan a tus hijos.

SEGUNDA PARTE

Construyendo una cultura digital propia

*Cada familia es un mundo, no tengas miedo a crear
tus propias normas y tener tu estilo personal para educar
en el entorno digital. Con las anotaciones que hayas
ido tomando durante la lectura del libro de lo que más
te ha llamado la atención, o crees que podrías tener
en cuenta a la hora de educar a tus hijos,
crea tu propio Plan Digital Familiar.*

*Antes de empezar con él queremos hablarte
de los momentos detox, los periodos de vacaciones,
momentos para el recuerdo y algunas ideas para
el tiempo compartido de pantallas.*

#4

Los momentos detox

El concepto de detox se emplea habitualmente en el contexto de la alimentación. Es una práctica que consiste en ingerir alimentos o cambiar de dieta de forma que los nuevos hábitos nos ayuden a eliminar toxinas y depurar nuestro cuerpo de algún modo. Incluso hay animales que realizan procesos de purga de manera natural para tener mejores digestiones.

En el contexto de las pantallas, los momentos detox también son muy importantes. Hoy en día es difícil vivir una realidad sin pantallas. Por más que queramos, en el trabajo, en las relaciones sociales y en otros ámbitos, las pantallas son un elemento necesario que nos permite conectarnos con otras personas y desarrollar todo tipo de labores personales y profesionales.

Del mismo modo que dejar de comer sin más medidas y sin un plan no es la situación ideal para una dieta saludable, con las pantallas sucede algo similar. Nuestra propuesta consiste en conseguir un equilibrio entre el tiempo que pasamos delante de dispositivos y sin ellos.

Hemos estudiado muchos casos individuales y también partimos de nuestra experiencia personal para concluir que, sin duda, necesitamos momentos de desconexión profunda.

Uno de los efectos inmediatos que provocan las pantallas en nuestro cerebro es el de generar reclamos de atención constantes. Los momentos detox nos ayudarán a ordenar el uso que damos a los dispositivos, y además nos harán valorar cada cosa en el presente, siendo más conscientes de qué estamos haciendo en cada instante, por qué y para qué.

En el sentido contrario, si no moderamos el uso que hacemos de los dispositivos o los usamos sin un rumbo claro, lo más probable es que tengamos sensación de desasosiego, de aturdimiento, e incluso que nos invadan sentimientos de tristeza asociados a largas horas de exposición a los dispositivos.

Al contrario que en las dietas, los detox digitales deben ser constantes. No se trata de poner en práctica algunos remedios drásticos cuando hemos abusado de las pantallas, sino más bien de saber conectar y desconectar cuando lo hayamos decidido. El objetivo es ser usuarios de la tecnología más conscientes: ser nosotros quienes decidamos cuándo utilizarlas y para qué.

Este capítulo no es solo para tus hijos. Las medidas detox son necesarias tanto para ellos como para nosotros; por lo tanto, todos los consejos que daremos son universales.

MOMENTOS DETOX OBLIGADOS

Puede sonar un poco drástico, pero creemos que hay ciertas situaciones que obligan a saber desconectar de las pantallas. De esta desconexión depende nuestra salud, el bienestar digital del que venimos hablando a lo largo de los capítulos anteriores.

La noche

Algunos expertos llevan años hablando del *vamping*. Este anglicismo se refiere a un concepto bastante sencillo, el de quedarse por la noche mirando una pantalla, durante las horas previstas para dormir. El *vamping* es una práctica que puede tener efectos perjudiciales. Cuando descuidamos el sueño, muchos aspectos de la salud se resienten y pueden incluso a llevarnos a sufrir problemas graves.

La exposición a la luz de las pantallas nos desvela y hay numerosos estudios que relacionan problemas graves de insomnio con una exposición a las pantallas justo antes de dormir. Nuestros hijos tienen aquí el mismo riesgo que nosotros.

Desde nuestro punto de vista, dejar que nuestros hijos vayan a la cama con el móvil es un hábito nada aconsejable. Lo mejor es que aprendan a quedarse durmiendo sin una pantalla, que sean ordenados en este sentido y que el sueño sea un hábito que cuidemos juntos. A este respecto, también es especialmente relevante que seamos ejemplares y no hagamos lo mismo.

Los descuidos relacionados con el sueño tienen un efecto directo en el rendimiento académico, se vinculan con problemas de autoestima y con numerosas enfermedades psiquiátricas y por supuesto afectan al orden sobre el resto de las actividades del día a día. Es imposible estar activos durante el día si no descansamos de un modo adecuado.

Los hábitos relacionados con el sueño pueden ser muy difíciles de modificar, por eso también queremos proponer algunos consejos en caso de que ya experimentes alguna situación de dependencia relacionada con las pantallas por la noche.

- El mejor modo de no mirar las pantallas por la noche es que estas permanezcan fuera del dormitorio. Poner a cargar el móvil en el salón de modo habitual puede ayudar a que dejes de consultarlo por la noche. En el caso de los más pequeños, sin duda, es una medida necesaria. No dormir con el móvil significa dormir mejor.

- Las pantallas no deben ser un refuerzo positivo, porque esta práctica repetida a lo largo del tiempo genera relaciones poco saludables. Del mismo modo que no es positivo premiar a nuestros hijos con comida poco saludable cuando se portan bien, las pantallas no pueden ser un reconocimiento a su buen comportamiento. En este sentido, si dejamos utilizar el móvil por las tardes como premio para conseguir que se vayan a la cama a la hora prevista, de algún modo estamos favoreciendo una relación poco deseable con los dispositivos.

- Si ya notas alguna dependencia de las pantallas para dormir, te recomendamos desarrollar nuevas rutinas que vayan mejorando tu situación. Un modo de conseguirlo es dejar de utilizar el móvil una hora antes de irse a la cama.

La mesa de las comidas

Este contexto es un poco distinto al anterior. A veces, sentarse juntos a comer es una auténtica odisea: la comida no me gusta, no surgen temas de conversación, hemos discutido... La mesa es, sin duda, el lugar en el que se producen la mayoría de los encuentros familiares.

Un momento detox que puede serviros mucho para mejorar vuestras relaciones familiares y para ordenar el uso de dispositivos es establecer la norma de no utilizar pantallas mientras estéis en la mesa.

En el fondo, se trata de llenar de sentido el momento de estar juntos frente a las demás personas con las que convivimos, sin que importe nada más de lo que pasa fuera. Mirarnos a los ojos y aprender a escucharnos cada día es un proceso que nos hace ser más felices, aunque algunos días cueste especialmente.

En este sentido, todos los esfuerzos que puedas llevar a cabo son pocos para que tus hijos descubran el valor de dedicar su plena atención a una conversación o a una persona. No hace falta interactuar constantemente, a veces basta con estar disponible, saber escuchar y ser paciente con los demás. Y estas enseñanzas se forjan sentados a la mesa.

LOS MOMENTOS DE FAMILIA

Del mismo modo que no podemos hablar con diez personas a la vez, no podemos estar con nuestra familia y con nuestros amigos al mismo tiempo. A veces hay que elegir, y conseguir momentos familiares de desconexión también es muy positivo.

A cada familia le toca decidir cuáles son sus momentos propios. Para algunas es la sobremesa, para otras las horas de la mañana del sábado, para otras los domingos, etc.

Descubre cuáles son tus momentos para estar en familia y protégelos de las pantallas. El motivo no es que la tecnología nos aleje de los demás necesariamente, sino otro mucho más sencillo y directo: quiero que ahora estés conmigo y con nadie más. Que estemos juntos y que este momento sea para nosotros.

Algunos consejos prácticos para convertir momentos de familia en momentos detox es pensar planes divertidos, que nos gusten a todos, o ir variando los planes para que cada vez tenga lugar el preferido de un miembro de la familia. Hoy hacemos algo que a mí me gusta especialmente y la próxima vez haremos lo que más te gusta a ti.

Las pantallas pueden servir también para generar momentos de ocio común en la familia, pero de este aspecto hablaremos más adelante.

LOS MOMENTOS DE OCIO Y EL USO SIMULTÁNEO DE PANTALLAS

Una situación habitual que probablemente hayas vivido: os sentáis todos juntos a ver una película y antes de que pasen diez minutos, alguno de los espectadores con los que compartes sofá ya está con el móvil, sin prestar atención a la pantalla que estamos viendo todos.

Es fundamental entender que estar todos en la misma habitación, pero cada uno con su pantalla, no significa estar juntos de verdad. Si el plan que hemos decidido consiste en ver una película o un programa de televisión, el tiempo que pasemos juntos consumiendo ese contenido también es un tiempo que nos une.

Estar en el momento presente es muy importante y no ser capaz de descansar un rato del móvil mientras vemos un contenido juntos puede ser un síntoma que demuestra que necesitamos más medidas de detox digital.

LOS MOMENTOS DE TRABAJO

Seguro que has visto algún método de productividad que promete ayudarte a trabajar mejor, a no distraerte y a ser capaz de establecer un foco de atención prolongado y sin distracciones.

La capacidad de concentración es un hábito que requiere entrenamiento y tenemos que aprender a dejar las pantallas en un segundo plano cuando hemos decidido hacer algo durante un tiempo determinado. Si por lo general te cuesta concentrarte o no eres capaz de aguantar un tiempo sin consultar las últimas notificaciones del móvil, quizá también necesites un detox digital.

Hay algunas recomendaciones que pueden hacer que sea más fácil para ti adquirir este hábito. Tres consejos prácticos que te llevarán a conseguirlo son los siguientes:

- **Distancia física.** El mejor modo de evitar distracciones es tener lejos la pantalla. Hay personas a las que les produce una cierta ansiedad incluso el hecho de no tener contacto físico con una pantalla. Prueba a tener un rato lejos el teléfono, a no llevarlo siempre encima y a consultarlo en un sitio concreto y volver a dejarlo. Por ejemplo, intenta estar ocho horas seguidas sin llevar el móvil encima para darte cuenta de cuántas veces lo consultas. Hay aplicaciones que podemos instalar en nuestros dispositivos que nos darán muchos datos sobre el tiempo de uso que dedicamos a las pantallas, así como el número de veces que desbloqueamos un dispositivo. Si alguno de esos datos no te gusta, pon medidas que te ayuden a llegar al nivel de consultas óptimo para ti.

- **Desactivar las notificaciones.** Puede parecer una obviedad, pero cada vez que recibimos una notificación, de algún modo, estamos frente a un dispositivo que nos grita «¡Ey! Hazme caso ahora, venga». Desactivar las notificaciones que no sean importantes en nuestros dispositivos hace que nuestra relación con los mismos se convierta en algo muy distinto.

Si no hay notificaciones, somos nosotros quienes decidimos cuándo mirar el dispositivo y en qué lugar y momentos lo hacemos. Si desactivas las notificaciones de tus dispositivos, en poco tiempo te darás cuenta de que no necesitas consultarlos de un modo tan frecuente y además serás capaz de elegir cuándo quieres contestar a cada solicitud.

- **Ponte a prueba.** Si sospechas que tienes una relación poco saludable con algún dispositivo, ponte a prueba. Intenta estar un día entero sin utilizarlo. Es más, intenta hacerlo durante una semana, si te resulta posible. ¿Pasa algo realmente grave si prescindes de él?

Por lo que respecta a los smartphones, que en muchos casos son necesarios en nuestro día a día, prueba a dejar instaladas durante un tiempo solo las aplicaciones estrictamente necesarias, eliminando todas las demás. Si eres capaz de hacerlo sin problema, probablemente tu relación con las pantallas sea adecuada o saludable. Si no eres capaz, aprovecha para detectar ámbitos en los que mejorar o aplicaciones sobre las que necesitas moderar el uso.

LA PLANIFICACIÓN DEL OCIO DIGITAL

Un último contexto en el que es importante establecer momentos de detox digital es el ocio relacionado con los dispositivos. En este ámbito incluimos videojuegos, consumo de contenidos, redes sociales y cualquier tipo de uso de las pantallas que nos lleve a distraernos durante un rato.

La tecnología no puede ser nuestro único modo de descanso, puesto que esta relación tiene consecuencias nocivas sobre la salud. Como cualquier afición o interés, si no es moderado puede ser malo. Te proponemos otro reto que puede servirte para reducir estos tiempos de ocio.

La idea principal consiste en compensar los momentos de ocio digital con otros fuera del contexto digital. Por ejemplo, antes de consumir contenido en YouTube, oblígate a leer durante un rato un libro impreso. O antes de jugar a videojuegos, practica algo de deporte. Esta compensación puede hacer que recuperemos interés por aficiones que habíamos dejado de lado o, en el mejor de los casos, puede hacer que ambos mundos se retroalimenten. Por ejemplo, si despertamos el interés por la lectura, los contenidos que acabaremos consumiendo en internet pueden ayudarnos a descubrir nuevos libros o a recomendar lecturas a otras personas.

MOMENTOS DETOX ADICIONALES

Los momentos que hemos descrito en el apartado anterior no son un listado exhaustivo. Seguramente, si piensas en tu día a día y en el de tus hijos, descubrirás otros contextos y situaciones en los que un detox puede ayudaros a tener una relación más saludable con las pantallas.

Para que puedas descubrir tus propios momentos, te dejamos aquí una tabla sencilla que te servirá para hacerte las preguntas a ti mismo/a y extraer tus propias conclusiones.

Momento	¿Uso las pantallas más de lo que me gustaría?	¿Qué puedo hacer para usarlas menos?	¿Cuándo puedo empezar a aplicar esta nueva meta?
Al despertarme			
Antes de ir al trabajo			
Cuando empiezo a trabajar			
En las comidas/cenas			
Cuando estoy con mis hijos			
Cuando estoy con otras personas			
Cuando estoy solo/a en casa			
Antes de dormir			

#5

Periodos de vacaciones

Los contextos que hemos expuesto anteriormente se refieren a momentos del día a día que vivimos casi todas las familias. Pero a lo largo del año hay algunos periodos que son especialmente difíciles de gestionar en relación con las pantallas porque tiene lugar una descompensación entre el tiempo libre que tienen nuestros hijos y el nuestro.

Estos periodos son, sobre todo, los de vacaciones o los días festivos. Es fácil establecer límites y normas cuando nuestros hijos siguen un horario más estable, van al colegio y tienen menos tiempo por la tarde para el ocio o para realizar sus tareas. Pero los días de verano son muy largos, por ejemplo, y las pantallas pueden ayudarnos a que no se aburran o, en algunos casos, a que tengamos un ratito de paz.

En este apartado vamos a darte algunas pautas y a reflexionar sobre el papel de las pantallas en diferentes momentos del año.

VACACIONES LARGAS: SEMANA SANTA, VERANO, NAVIDADES, ETC.

Los periodos de vacaciones largas son muy distintos en cada familia, por lo que no podemos dar pautas específicas, pero nos vamos a centrar en algunos aspectos comunes que sí viven casi todos los niños y adolescentes en estos momentos del año.

Es normal que, en un contexto de tiempo libre prolongado, las pantallas desempeñen un papel distinto al del resto de los momentos del año. En muchos casos, nos cuesta proponer planes constantes que llenen el tiempo libre y a veces, incluso, nosotros no disponemos de tiempo libre para acompañar a nuestros hijos durante todas las vacaciones.

Un modo de enfocar cómo utilizamos las pantallas en estos días es intentar que no se conviertan en una niñera digital. Este concepto es uno de los primeros que exploramos en Empantallados y se refiere a dejar que las pantallas cuiden de nuestros hijos o los acompañen cuando nosotros no podemos hacerlo.

Quizá estés pensando que el error consiste en darles una pantalla y dejarlos mucho tiempo con ella sin supervisión, pero ese no es exactamente el problema. El asunto tiene más que ver con la intención y con el modo de llevar a cabo este entretenimiento.

Por ejemplo, en el caso de un niño pequeño, no es lo mismo decirle «Toma el teléfono porque necesito un rato libre para trabajar» que «Ahora es un buen momento para aprender algo nuevo, vamos a pensar en un plan para esta mañana». En el primer caso, estamos transmitiendo el mensaje de que el teléfono nos va a sustituir durante un rato en el que no podrán comunicarse con nosotros. En el segundo, en cambio, las pantallas ocupan un lugar útil para conseguir otro objetivo, que puede ser el de aprender algo nuevo o investigar sobre un tema interesante.

Durante los periodos de vacaciones, las pantallas pueden ocupar un lugar más amplio, pero lo relevante es que aprendamos a convertirlas en una herramienta que consiga hacer crecer a nuestros hijos. Las vacaciones son mucho más divertidas cuando nos sirven para descubrir nuevas aficiones, para desarrollar las que ya tenemos o para seguir en contacto con los amigos a quienes no tenemos cerca.

Además, también es muy importante que las aprovechemos para pasar tiempo sin pantallas, como durante el resto del año. En Empantallados llevamos cinco años proponiendo planes sin pantallas para diferentes épocas del año y seguro que tú eres capaz de pensar en muchos más. Aquí tienes un listado de planes diferentes para las vacaciones de verano y las de Navidad.

 Recurso disponible en **empantallados.com/libro**

En definitiva, la clave en los cambios de contexto es aprovechar las nuevas oportunidades para seguir educando. Un mes de agosto puede ser aquel en el que nuestros hijos dedicaron mil horas a las pantallas sin un rumbo fijo y, por tanto, de modo inútil, o también puede ser el mes en el que nuestros hijos aprendieron a tocar el piano gracias a las pantallas.

DÍAS FESTIVOS O EN LOS QUE HAY MÁS TIEMPO LIBRE

Planificar épocas de vacaciones largas puede resultar más sencillo que decidir qué hacemos un sábado por la mañana o un domingo por la tarde, cuando ya casi no quedan fuerzas para trazar planes.

En estos momentos, tenemos la experiencia de que muchos padres y madres acudimos a las pantallas para mantener entretenidos a nuestros hijos. Ya hemos explicado en el apartado anterior que esto no es necesariamente malo y que depende del modo en el que propongamos un rato de ocio con pantallas y de nuestro acompañamiento.

Los días con más tiempo libre suelen cargarse de rutinas, igual que cualquier día laboral. ¿En casa hacéis lo mismo todos los sábados? Si es así, pregúntate qué papel juegan las pantallas en esa rutina. Si nuestros hijos solo ven en el fin de semana un momento ideal para poder jugar más a videojuegos o para pasar más tiempo viendo contenidos en YouTube, sin duda se están perdiendo muchas oportunidades.

Cualquier proceso de ocio tiene que tener límites, para que el resto de las actividades de la semana no se conviertan en un aburrimiento. Además, estos días con menos planes son una oportunidad de oro para ayudar a nuestros hijos a aprender a aburrirse.

Aprender a aburrirse parece una contradicción absurda, pero estar aburrido es el paso previo a muchas de las cosas que nos encanta ver en nuestros hijos: la creatividad, la búsqueda de nuevos intereses y la capacidad de autogestión. Si cada vez que nuestros hijos se aburren acudimos a las pantallas para solucionar ese problema, en el fondo los estamos privando de una oportunidad maravillosa.

No podemos ser padres y madres todoterreno ni perfectos, sabemos que el cansancio también nos afecta y que es difícil estar siempre ahí, pero basta con cambiar un poco la perspectiva e introducir pequeños avances para que nuestro contexto mejore. Aquí tienes una *To-do list* con propuestas que pueden servirte para convertir los festivos en días más saludables digitalmente.

TO-DO LIST PARA UN DÍA FESTIVO

- Planificar una actividad sin pantallas por cada actividad con pantallas.

- Limitar el tiempo de ocio digital.

- Salir de casa al menos una vez.

- Realizar un plan juntos sin pantallas.

- Leer durante un rato o compartir la música que más nos gusta.

- Realizar una actividad física, deporte, paseo o juego al aire libre.

- No utilizar pantallas en la comida y la cena.

- Llevar a cabo una actividad con pantallas todos juntos (película, juego, compartir contenidos que nos hayan gustado...).

#6

Momentos para el recuerdo

Hasta ahora, hemos hablado de las pantallas y de cómo afectan a nuestras relaciones en familia. Pero en este apartado queremos profundizar en una idea que nos parece aún más interesante. Dedicamos mucho esfuerzo a limitar, descubrir conductas que no nos gustan o pensar en soluciones a problemas que creemos que tienen difícil solución. En cambio, a veces dejamos de lado una cuestión mucho más importante: ¿cómo podemos generar momentos que recordemos para siempre?

Cada familia tiene sus costumbres y sus tradiciones, su modo de vivir juntos y su contexto concreto que hace que sea única. Seguro que, en tu caso, puedes pensar en momentos idílicos que hayas vivido en el último año, incluso en circunstancias difíciles.

Nos hemos preguntado qué tienen en común los momentos que recordamos durante toda la vida. Y de esta pregunta surgen algunas ideas que pueden ser útiles para ti.

ESTAR ES SUFICIENTE

Un miedo habitual de los padres es no saber qué hacer para que nuestros hijos sean más felices o disfruten más del presente, de lo que realizamos habitualmente en familia. La rutina y el aburrimiento pueden llevarnos a estar obsesionados con este tema.

Asimismo, cada vez estamos más acostumbrados a ver modelos de familia o de relaciones personales que no se corresponden con la realidad, en gran parte por la exposición a vidas ajenas que tenemos en redes sociales.

Creemos que es muy importante pensar sobre esto, tener muy claro que lo que vemos en cualquier publicación nunca muestra toda la verdad sobre cómo vive una familia. Las familias que parecen más felices en Instagram también tienen sus problemas, sus luchas y sus discusiones, pero no lo publican todo, porque tampoco sería adecuado.

En este sentido, con los momentos en familia nos puede pasar algo parecido, pensar que tenemos que dedicar más tiempo a planificar, a sorprender, a divertir a nuestros hijos. Pero hay una realidad que todos hemos experimentado: estar, a veces, es suficiente. No importa en qué invirtamos el tiempo si estamos juntos. Y aunque no seamos capaces de recordar exactamente qué hicimos la semana pasada, nuestros hijos sí sabrán algo para toda la vida: que sus padres estuvieron ahí.

Además, puede ser una gran ocasión para educar a nuestros hijos y que aprendan que no hay que retransmitirlo todo. Dejar momentos sin fotografiar y sin grabar, permitiéndonos almacenarlos solo en nuestra memoria personal y familiar.

Antes de abordar cuestiones más concretas, es esencial que nos planteemos solo una cosa:

¿Cuánto tiempo pasé con mis hijos
la semana pasada? ¿Podría haber
pasado más tiempo? ¿Por qué
no paso más tiempo con ellos?

La respuesta a estas preguntas tampoco debe convertirse en un dedo acusador que nos haga sentirnos mal. Es mucho más relevante que pensemos en cómo pasar más tiempo con ellos o en cómo convertir el tiempo que pasamos juntos en un momento para el recuerdo.

SI TÚ ERES FELIZ, YO SOY FELIZ

Vivimos un contexto individualista y las pantallas son un reflejo de ello. Los algoritmos nos ayudan a consumir contenidos que nos gustan constantemente, pero también limitan nuestra capacidad de descubrir; es decir, nos abren un universo, pero al mismo tiempo limitan el que conocemos.

Por eso, tenemos que conseguir que nuestros hijos entiendan una premisa: que seamos felices o lo pasemos bien depende, en gran parte, de que el resto lo pase bien. Hay modos de utilizar las pantallas para conseguir esto: por ejemplo, compartiendo entre nosotros el contenido que consumimos. Descubrir a nuestros hijos nuevos contenidos interesantes y escuchar qué les interesa a ellos hará que seamos más capaces de relacionarnos y de compartir reflexiones profundas o simples chistes que nos hagan gracia a todos.

Internet es un contexto más que nos puede ayudar a ser felices o hacernos más infelices y nuestros hijos pueden aprender este hecho gracias a nosotros. Se puede ser generoso en un videojuego, enseñando a otro hermano a jugar o alegrándonos cuando consigue una victoria. También se puede ser egoísta, no dejando que juegue o recalcando sin cesar que somos mejores que ellos.

¿Has jugado alguna vez al videojuego preferido de tus hijos? Probablemente no nos convirtamos todos en padres y madres gamers, pero querer a alguien también consiste en conocerlo y en entender sus gustos, y seguro que esta actividad os acerca. A ti te ayudará a averiguar qué le gusta y por qué y él te verá como alguien más cercano que lo acompaña.

Por otra parte, pensar en planes que gusten a otros es un modo increíble de disfrutar esos planes. Basta con pensar en una fiesta sorpresa para saber que quienes más la disfrutan son los que la han organizado. Los cumpleaños, las fechas especiales para la familia y los momentos de ocio pueden ser una oportunidad única para que cada miembro de la familia piense en los demás e intente generar momentos y planes llenos de sentido y de alegría para todos.

LO DEMÁS NO IMPORTA

Cuando estamos juntos y pensamos en los demás, el resto de los problemas pasan a un segundo plano. Puede que seamos desordenados en el uso de las pantallas o que nos cueste limitar el tiempo que nuestros hijos pasan con ellas. Pero poco a poco, con paciencia y con cariño, todos los problemas acaban por moderarse.

Detrás de un problema relacionado con la exposición a pantallas puede haber otros subyacentes: quizá tus hijos quieran reclamarte un poco de atención o no tengan alternativas que los ayuden a pasar menos tiempo con las pantallas. O quizá su plan idílico sea jugar a un videojuego contigo.

Incluso, puede que tus hijos estén deseando que les propongas un plan que se salga de lo común porque están aburridos de un videojuego, aunque parezca mentira. Si pasan demasiado tiempo haciendo videollamadas con sus amigos o amigas, tal vez una buena opción sea montar un plan para que todos los amigos disfruten juntos, en persona.

PLANIFICACIÓN, ILUSIÓN Y EXPECTATIVAS

Una vez que hemos expuesto qué es lo más importante (estar juntos y querernos todo lo que podamos), también vamos a reflexionar sobre cómo conseguir que un plan sea increíble o que lo recordemos para siempre.

Nuestro mundo va rápido, muy rápido. Y solucionar los problemas del día a día puede ser una labor que nos desgaste en exceso. Ante esta realidad, pensar en planes a medio plazo o que requieran organización es una utopía. Aunque, al mismo tiempo, los planes que más nos llenan son los que incluyen planificación, ilusión y un poco de expectativas.

Todos soñamos de pequeños con viajar a Disneyland París, seguro. Y muy pocos pudieron hacerlo. No estamos pensando en este tipo de planes extraordinarios o que dependen de nuestra capacidad económica, sino más bien en pensar en cuántos planes nos han emocionado últimamente.

Un cumpleaños puede ser una fiesta más o el cumpleaños de nuestra vida. Te proponemos un ejercicio fácil de hacer en casa y que estamos seguros de que te traerá algunas sorpresas. Cada miembro de la familia puede rellenar el siguiente formulario y también podéis leerlo juntos un día en casa.

Formulario de deseos

Si pudieras hacer el plan que tú quieras en los próximos seis meses, ¿cuál sería?

_____

_____

_____

¿Podemos permitírnoslo?

❏ Sí ❏ No

En caso de que no podamos permitírnoslo, ¿hay algún plan similar que sea más económico o que también nos guste?

_____

_____

¿Cuándo vamos a hacer este plan? ¿Qué tenemos que planificar y conseguir para llevarlo a cabo?

_____

_____

Si surgen demasiados planes, también podéis poneros de acuerdo en cuáles vamos a llevar a cabo primero. Si cada miembro de la familia asume un encargo que hará que el plan sea todavía mejor, este ejercicio colectivo puede ser increíble.

Imagínate que el plan consiste en subir a la cima de una montaña. Y que, para ir, necesitáis comprar ropa o conocer la ruta. Seguro que alguien puede encargarse de cada cosa y ponerla en común con los demás.

O imagina que el plan consiste en ir a un museo, o pasar el día en un parque de atracciones. Seguro que entre todos podemos ahorrar dinero o ganar dinero de algún modo para que el plan se realice. Cuando dedicas un año entero a ahorrar para un plan, ese día se convierte en algo inolvidable.

PLANES A MEDIO PLAZO, PLANES A CORTO PLAZO

Además de estos planes a medio plazo o que requieren un trabajo mayor por parte de los padres, también es bueno tener un conjunto de planes más sencillos o apetecibles que podamos ir realizando cuando no nos da tiempo a planificar.

Un modo de hacer que estos planes sean ilusionantes y que se llenen de sentido es añadir contenido al plan en sí. Por ejemplo, no es lo mismo ir a un museo con toda la familia que ir solo a ver un cuadro o una obra que tenga relación con los intereses de nuestros hijos.

Si a Juan le gustan los dinosaurios, seguro que somos capaces de encontrar algún museo de ciencias naturales cercano o alguna biblioteca en la que consultar libros durante toda la tarde de forma gratuita. Los grandes planes y los momentos para el recuerdo son así porque cumplen con nuestras expectativas e ilusiones y porque incluyen, sin duda, a otros miembros de la familia.

Te animamos a tener un listado de diez o veinte planes sencillos que podríais llevar a cabo en una tarde e ir actualizándolo cada vez que a alguien le apetezca hacer algo. Quizá no podamos ir hoy, pero podemos apuntarlo para la próxima vez que tengamos un hueco.

#7

Ideas para el tiempo compartido de pantallas

Las pantallas nos pueden acercar en la familia de distintas formas, y en este apartado vamos a centrarnos en algunas ideas que pueden mejorar los momentos de ocio y aprendizaje.

CINE Y SERIES

El cine y las series son uno de los elementos de consumo de contenidos que pueden servir para unirnos. Solo hay un pequeño problema a la hora de ver películas o series: elegir. Sabemos que el drama sobre la película ideal para un sábado por la tarde se repite en muchos hogares. Ponerse de acuerdo es, a veces, realmente difícil.

No podemos olvidar que las películas y las series que vemos nos afectan. Esto significa muchas cosas, principalmente que pueden ayudarnos a descubrir nuevos puntos de vista, a hacernos preguntas que no nos habíamos hecho o a encontrar respuestas a preguntas pasadas.

Además de entretenernos, la narrativa audiovisual es un contexto cultural apasionante que puede servirnos para hablar de algún tema con nuestros hijos o para descubrir juntos historias de personas extraordinarias o referentes de todo tipo.

Ya hemos comentado con anterioridad la idea de no utilizar dos pantallas a la vez, que en este caso se resume en ser capaces de prestar atención solo a una película o a una serie sin tener que utilizar el móvil mientras tanto. Ayudar a nuestros hijos a que puedan seguir un hilo narrativo hasta el final los ayudará también a ser capaces de leer más, de enfocar mejor su atención y de practicar para otros contextos de la vida que requieren paciencia y esfuerzo. Por supuesto, en este caso nuestro ejemplo es muy importante. Aunque estemos viendo *Frozen* por vigésima vez en los últimos tres meses: no cojas el móvil, suéltalo ☺.

Algunas ideas para compartir cine y series en familia que han surgido en la comunidad de Empantallados son las siguientes:

- Ten una lista de películas y series que ver, esto ayudará a tomar la decisión sobre un grupo de contenidos más acotados.

- Planifica los estrenos. Si alguien te recomienda una película para ver en familia o alguna te llama la atención, infórmate y apúntala en la lista.

- Ver clásicos puede ser una gran opción si no se anuncia excesivamente. No hay nada peor que generar expectativas sobre una película o una serie: si crees que alguna película os va a gustar, cuenta de qué va y por qué es apasionante, no digas que hay que verla porque esa película sí que es buena, en comparación con otras.

- En la variedad está el gusto. Quizá es más fácil ponerse de acuerdo en un género (musical, de dibujos, reciente, de humor, etc.) para después decidir la película en concreto. En tu lista, puedes diferenciar las películas por géneros.

- Antes y después. Preparar palomitas, unas entradas de cine que anuncien la película que vamos a ver y la hora a la que empieza, etc., pueden ayudarte a que el plan sea todavía más divertido. Comentar la película con los hijos mayores después de haberla visto también es un planazo, aunque requiere preparación. ¡Ayúdate de estas plantillas descargables!

 Recurso disponible en **empantallados.com/libro**

Además del cine y las series en casa, estamos viviendo un resurgir de las salas de cine. Tal vez tenga que ver con la necesidad de ver nuestros estrenos preferidos en un ambiente especial. Ir al cine es una actividad muy entretenida para toda la familia, aunque más cara que una suscripción digital. Quizá puedas valorar si es mejor dejar de pagar alguna suscripción digital para ir de vez en cuando al cine.

Finalmente, hay algunos riesgos en el consumo excesivo de contenidos. Creemos que es importante valorar qué contenidos consumimos, en vez de poner lo primero que nos sugiere cualquier plataforma digital, a la vez que prestamos atención a las recomendaciones de edad y al desglose de contenidos que incluyen las películas y series. Los algoritmos nos ayudan a descubrir contenidos similares a los que ya nos han gustado, pero no son capaces de descubrirnos nuevos panoramas o películas que nos sorprenden sin haberlo previsto.

VIDEOJUEGOS

Los videojuegos son una propuesta de ocio muy amplia. Cada videojuego está pensado para ser disfrutado de un modo y, por tanto, algunos hacen más factible que otros el juego compartido.

En general, los juegos colaborativos son más fáciles de compartir que los juegos lineales o narrativos. En cualquier caso, siempre hay algún videojuego al que podamos jugar juntos y esta oportunidad es muy divertida si sabes aprovecharla con tus hijos.

Según la edad que tengan y sus gustos, será más fácil que toda la familia disfrute un rato jugando a un videojuego. Además, ver a otra persona jugar puede ser bastante divertido, aunque no lo parezca. Tus hijos tendrán que aprender a tener un poco de paciencia contigo si no estás muy acostumbrado a este mundo o tú tendrás que aprender a dejarles fallar mientras estén jugando si sabes más que ellos.

En cualquier caso, compartir un rato jugando a videojuegos es una opción ideal para toda la familia.

¿A qué videojuegos podemos jugar toda la familia? Dar respuesta a esta pregunta es un poco difícil, especialmente porque no queremos recomendar títulos concretos, pero te hablamos de algunas tipologías que te pueden servir para buscar títulos interesantes:

Videojuegos relacionados con música
Desde karaokes hasta juegos de baile, lo divertido en este caso es que el videojuego está pensado para interactuar en la vida real y aportan el ambiente competitivo o lúdico que convierte cualquier reunión familiar en una fiesta. Hay numerosos juegos para todas las plataformas y a todo el mundo le hace gracia escuchar cómo su padre intenta cantar la última canción de su artista favorito.

Videojuegos competitivos
Los juegos de partidas cortas que empiezan y acaban y que incluyen modo cooperativo (para dos o más jugadores) también pueden ser muy entretenidos. En este sentido, hay juegos *shooter* (de disparos), de deportes variados (fútbol, baloncesto, tenis, etc.) e incluso otros que solo pueden jugarse con dos o más personas a la vez. Estos juegos se llaman «multijugador» y puedes encontrar muchísimas listas en internet.

Videojuegos de estrategia

Hay otro tipo de videojuegos más estratégicos, o de puzles, que pueden serviros para estrujaros juntos la cabeza un rato. Este tipo de videojuegos funcionan muy bien con hijos un poco más mayores y requieren algo más de paciencia para aprender a jugar.

Videojuegos de simulación

Los simuladores también pueden ser muy interesantes. Desde simuladores de conducción (Fórmula 1, motos, pilotaje de aviones, etc.) hasta simuladores de planificación y construcción de ciudades, pensar juntos y adquirir las habilidades mecánicas que requieren os hará pasar un buen rato en familia.

Hay muchas más categorías y seguro que vuestros hijos os ayudan a encontrar nuevos juegos divertidos; o en el mejor de los casos, vosotros les enseñáis videojuegos que os hayan encantado a los más pequeños de la casa.

JUEGOS TRADICIONALES

¿Por qué metemos la categoría de juegos tradicionales en una sección de entretenimiento y pantallas? Porque muchos de los juegos tradicionales se están adaptando a las nuevas tecnologías y también hay videojuegos que se crean directamente para ser compartidos desde una misma habitación.

Por lo general, relacionamos los juegos de mesa con una caja que incluye piezas físicas, pero cada vez más surgen juegos tradicionales a los que puede jugarse con una sola pantalla. O con distintas pantallas, pero desde la misma estancia.

Estos juegos reciben el nombre de «juegos multijugador local». En muchos de ellos, basta con que estemos conectados a la misma red wifi para poder disfrutarlos en casa.

Además, juegos tan tradicionales como el UNO, el Monopoly o el Risk ya tienen su versión digital de la que podemos disfrutar directamente en nuestra televisión.

CONTENIDOS COMPARTIDOS

Dedicamos mucho tiempo a buscar nuevos contenidos y a bucear en internet, y un modo de entender mejor el contexto de nuestros hijos se puede resumir en una actividad semanal.

Imagina que todos los domingos por la tarde, antes o después de cenar, os sentáis juntos media hora y cada miembro de la familia tiene que enseñar a los demás el vídeo o el contenido que más gracia le ha hecho esa semana. Aparte de irse a dormir con una sonrisa, o con un nuevo descubrimiento, consumir contenidos en común nos ayuda a tener nuevos temas de conversación, a entender más el mundo de nuestros hijos y a profundizar en sus intereses.

Para que esta actividad funcione, es importante que las edades de los hijos no sean muy dispares, pero si los contenidos que vemos no gustan a todo el mundo, también es un buen momento para enseñar a respetar los gustos de los demás o para descubrir nuevos intereses personales a través de lo que compartimos.

Una de las familias que nos siguen desde el principio en Empantallados tiene un grupo familiar en WhatsApp llamado «Solo risas» en el que están obligados a compartir cada contenido que les hace reír. Y en otro grupo comparten las cosas más serias. No sabemos si es una práctica útil para ti, pero dedicar tiempo a reírnos juntos o a disfrutar, simplemente, puede ser una idea maravillosa.

LECTURA

Leer juntos puede ser más fácil que leer por iniciativa propia. Sabemos que fomentar el hábito de la lectura resulta costoso, pero es evidente que el ejemplo de los padres influye mucho en el comportamiento de sus hijos, especialmente en este ámbito.

La lectura puede darse a través de pantallas o de modo físico, pero en el caso de que leamos desde un dispositivo, es esencial ayudar a nuestros hijos a que no cambien constantemente de pantalla. Si estamos leyendo porque lo hemos decidido, tenemos que ser capaces de aguantar un rato.

Poner el dispositivo en modo avión o utilizar un dispositivo de lectura digital que no tenga conexión a internet puede ser una buena manera de enfocarse en lo que estamos haciendo.

Otro consejo para que las pantallas contribuyan a fomentar el hábito de la lectura puede ser ver vídeos que comenten un libro o contenidos adicionales relacionados con el libro que acabamos de leer.

Por ejemplo, leer una novela en la que se base alguna película podrá hacernos ver la película de otro modo.

MÚSICA

La música es otro contexto que puede hacerte entender muchas cosas de la cultura, las expresiones y los gustos de tus hijos.

Hoy hay tantos tipos de música y los lanzamientos son tan constantes, que es realmente difícil estar al día. Además, algunos géneros musicales incluyen mucho más contenido y mensaje que otros. Compartir gustos musicales, descubrir nuevos grupos a nuestros hijos y escuchar también la música que les gusta a ellos nos dará un contexto común que nos puede hacer disfrutar mucho.

Además de escuchar música y compartir gustos, podemos llevar el entretenimiento musical a la práctica, ayudando a nuestros hijos a que aprendan a tocar algún instrumento, a producir canciones, o incluso sumándonos nosotros mismos a ese aprendizaje. La música puede ser un contexto para pasar juntos más tiempo y aprender en el proceso.

#8
Manos a la obra: crea un Plan Digital Familiar

Con todo lo visto hasta ahora, creemos que estás en condiciones de pensar un Plan Digital Familiar. Puedes rescatar ideas que te hayan ido ayudando a lo largo del libro o recurrir al siguiente guion. Sigue los pasos:

1. DIBUJA EL PERFIL TECNOLÓGICO DE CADA MIEMBRO DE LA FAMILIA

Coge papel y boli y pon el nombre y edad de cada uno de los miembros de tu familia; luego escribe una breve biografía tecnológica de cada uno. Tendrás que tener en cuenta los dispositivos que habitualmente utiliza, el tiempo de uso y los contenidos que consumen. Así podréis conocer el punto del que partís.

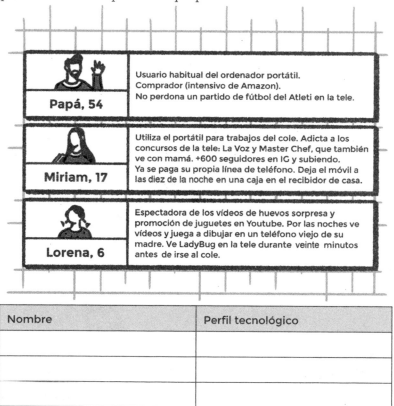

Nombre	Perfil tecnológico

¿Cuál es la relación de tu familia con la tecnología? También es importante que reflexionemos sobre qué papel juegan las pantallas en nuestro día a día familiar: si son aliadas o intrusas; si nos acercan o nos separan; si son un motivo habitual de conflicto o una palanca para impulsar la creatividad o compartir aficiones. No será todo blanco o negro: habrá facetas que podremos potenciar y otras que será mejor modificar.

2. HAZ UN DIAGNÓSTICO

Estas preguntas te pueden ayudar durante el proceso:

Puedes realizar un recuento de los dispositivos que hay en tu casa y sus lugares de uso.

- ¿Cuántos dispositivos hay en tu casa (televisión, videoconsola, tablet, ordenador fijo o portátil, móviles...)? ¿En qué zonas de la casa los usáis?

_____

_____

- ¿Acostumbráis a tener los móviles en la mesa durante las comidas? O, por el contrario, ¿aparcáis los dispositivos en alguna cesta, parking para móviles, zonas de carga, etc.?

_____

_____

Conviene supervisar siempre el uso de las pantallas y hacer un acompañamiento a nuestros hijos para que aprendan a utilizarlas de manera responsable.

- ¿Existen normas básicas sobre el uso de las pantallas (móviles fuera de las habitaciones, tiempos de uso, etc.)? ¿Tenéis instalado algún tipo de control parental o alguna app de supervisión de uso de pantallas?

_____

_____

- ¿Estás cerca cuando tus hijos navegan por internet?

_____

_____

Hablar con ellos habitualmente y abrir un diálogo sobre el uso de pantallas es imprescindible.

- ¿Habláis sobre lo que ven en internet? ¿Sabes quiénes son los influencers de tus hijos? ¿Sabrías decir cuáles son sus videojuegos preferidos?

_____

_____

- ¿Acostumbras a hablar con ellos sobre si algo les ha molestado en internet o sobre cómo se comportan en la red? ¿Los animas a utilizar internet para potenciar sus aficiones, a través de tutoriales, etc.?

_____

_____

No todos los contenidos son apropiados. Hay que bucear para encontrar los mejores, teniendo en cuenta edades y gustos.

- ¿Se proponen en casa contenidos para ver juntos o adecuados a la edad de cada uno?

_____

_____

- ¿Se revisan los códigos PEGI? ¿Os informáis sobre tendencias o _challenges_ que se dan en las redes sociales?

_____

_____

La imaginación al poder: hay un montón de planes que se pueden hacer sin pantallas. Para ello también es importante vuestro ejemplo en el uso de dispositivos.

- Cuando estás con tus hijos, ¿cómo es tu uso del móvil? ¿Miras la tele y el móvil a la vez?

_____

_____

- ¿Tenéis instaurados en la familia días sin pantallas y se proponen alternativas de ocio (lecturas, escapadas a la naturaleza, juegos…)?

_____

_____

3. CREA EL PLAN DIGITAL FAMILIAR

Elige cinco pautas, ponlas en un lugar visible (como la nevera) y revísalas con frecuencia para hacer balance.

Además de las normas comunes, puede haber pautas concretas para cada miembro de la familia. Es recomendable que todos colaboren en la creación del Plan Digital Familiar y hagan sus propuestas.

Puedes descargar e imprimir la plantilla del Plan Digital Familiar para completar este paso.

 Recurso disponible en **empantallados.com/libro**

TERCERA PARTE

Las doce preguntas más frecuentes sobre pantallas de los padres y madres

Si después de llegar hasta aquí todavía te quedan preguntas, ¡no te preocupes! Muchas veces las preocupaciones de los padres se repiten. En esta parte queremos darte algunas claves sobre las preguntas más frecuentes que recibimos en Empantallados.

¿Cuál es la mejor edad para tener la primera pantalla? ¿Qué hacer si todo el mundo en su clase ya la tiene, pero nuestro hijo todavía no?

RESPUESTA RÁPIDA:

Dentro de unos límites, la mejor edad para dar la primera pantalla a un niño o una niña no se corresponde con un número, sino con un estado de madurez. Lo relevante es hacernos preguntas sobre su autonomía, autocontrol y capacidad de gestión del propio tiempo, así como valorar la relación comunicativa que tenemos con ellos.

Si tenemos la confianza suficiente para que nos cuenten cosas que encuentren online y les puedan hacer daño y además son capaces de gestionar su tiempo de forma ordenada, probablemente ya podamos darles su primera pantalla. Del mismo modo, si estas circunstancias todavía no se dan en nuestros hijos, podemos explicarles que aún no están preparados por este motivo.

RESPUESTA:

La Academia Americana de Pediatría es bastante taxativa a la hora de proponer el uso de pantallas por franjas de edad. Sus recomendaciones son las siguientes:

0-18 meses: evitar el uso de pantallas.

18-24 meses: evita el uso de dispositivos, pero si decides que usen pantallas, elige contenidos de calidad y que los vean siempre acompañados de un adulto.

2-5 años: el tiempo con pantallas debe estar limitado a una hora al día: elige contenidos de calidad. Procura verlos con ellos, para que comprendan lo que están viendo, y ayúdalos a aplicar lo que han aprendido al mundo que los rodea.

- Evita programas de ritmo vertiginoso (los niños muy pequeños no los comprenden), apps con mucho contenido que distrae o cualquier asunto violento.

- Apaga la televisión cuando no se esté usando, o cualquier otro dispositivo.

- Procura no usar las pantallas como el único método para calmar a tu hijo. Aunque a veces pueden ser una estrategia de relajación útil (durante una prueba médica o en un viaje en avión), este uso de las pantallas puede derivar en problemas relacionados con el establecimiento de límites o generar en tu hijo una incapacidad para regular sus propias emociones.

- Supervisa el contenido que están viendo y las aplicaciones que utilizan o se descargan. Prueba las apps antes de que tu hijo las use, jugad juntos y pregúntale qué piensa sobre esa app.

- Los dormitorios, las comidas y el tiempo de juego padres-hijos deben estar libres de pantallas, tanto para los hijos como para los padres. Las pantallas no deben usarse una hora antes de dormir. Quita las pantallas de la habitación antes de que se acuesten.

A partir de seis años: fija límites de tiempo claros y asegúrate de que hay un equilibrio en su uso, para no reemplazar a otras actividades esenciales como el tiempo recomendado para hacer deporte (una hora) o para dormir (ocho-doce horas, según la edad).

- Establece tiempos sin pantallas para estar juntos, como las cenas; y establece también lugares libres de pantallas en casa, como sus habitaciones.

- Habla con ellos de ciudadanía digital y seguridad, y de respeto en el mundo online y offline.

Después de los seis años se abre una franja en la que las recomendaciones son menos precisas. El motivo es que, a partir de esta edad, resulta muy complicado unificar un criterio, porque cada hijo es un mundo.

Por nuestra parte, vemos una relación evidente entre algunos aspectos externos de la vida de nuestros hijos y su relación con las pantallas. Por ejemplo, la capacidad de ordenar su habitación, de realizar las tareas en los tiempos previstos y sin supervisión directa de un adulto que lo obligue a estudiar, el modo que tiene de relacionarse con sus amigos, etc., hablan mucho de su nivel de preparación para utilizar su primera pantalla propia.

Fíjate en los signos externos que revelan su madurez para poder calibrar qué es lo que más les conviene.

Una vez que consideres que ha llegado el momento, te recomendamos que la introducción al mundo de las pantallas sea progresiva. Nadie aprende a conducir saliendo solo con un coche en mitad de la autovía.

La introducción paulatina de las pantallas puede tener lugar de distintos modos; el primero y más directo consiste en limitar el tiempo de uso. Por ejemplo, dejando utilizar las pantallas solo en casa, solo en un lugar en concreto (preferiblemente en el salón o la sala de estar) y solo durante un tiempo específico. Esto hará que aprendan a moderar el tiempo de uso desde el principio.

Una vez que adquieran más autonomía, podremos empezar a dejarles utilizar el móvil con más frecuencia y en lugares distintos, pero ayudándolos a entender que los dispositivos se deben emplear con una finalidad. Pregúntales a menudo: «¿Qué estás haciendo con el móvil? ¿Qué vas a hacer con ese dispositivo?». No permitas respuestas genéricas del tipo: «No lo sé» o «Ahora veré». Interésate por los contenidos que consumen y acompáñalos para valorar si lo que están haciendo les sirve para aprender, para divertirse en un contexto adecuado, o si por el contrario deberían dejar de consumir algún tipo de contenido o información.

Hay algunas ideas básicas que suelen acompañar a la pregunta sobre el primer contacto con las pantallas y que queremos resumir en este apartado.

- **Que todos sus amigos tengan un móvil no significa que nuestro hijo deba tenerlo.** Pero, al mismo tiempo, el contexto en el que se mueve nuestro hijo debe servirnos como referencia para tomar la decisión sobre su primera pantalla. Es muy probable que, si creamos demasiado misterio o tensión en torno al uso de dispositivos, eso dificulte que mantengan una relación saludable con las pantallas. Y, en cualquier caso, es muy probable que nuestros hijos acaben consumiendo contenidos en los dispositivos de sus amigos. Un dispositivo propio que cuente con un buen control parental puede ser un gran modo de ayudarlos a no consumir contenidos que no sean adecuados para ellos.

- **Es muy relevante que no utilicemos la tecnología como un sustituto de la atención de los padres y madres.** No es lo mismo dar una primera pantalla a nuestros hijos y acompañarlos en su proceso de entrada al mundo tecnológico que utilizar esa primera pantalla para ocupar su tiempo y liberar el nuestro. Los niños perciben de forma directa el porqué de algunas decisiones y en este caso, si el móvil sustituye la atención de los padres, también lo hará en cuestiones de más calado. Por ejemplo, ¿por qué voy a preguntar a mis padres una duda concreta si puedo consultarla en Google y no molestarlos?

- **No utilizar la tecnología como un premio o como un castigo.**
  Convertir las pantallas en recompensas tiene el riesgo directo de percibir su ausencia como un castigo. Si no puedo usar el móvil, y habitualmente lo uso cuando hago algo bien, cualquier tiempo que no sea acompañado de un dispositivo digital se asemeja a un castigo. Esta forma de entender la relación con las pantallas es similar al modo en que procuramos cuidar la alimentación de nuestros hijos. Por norma general no les damos golosinas o chocolates por hacer algo bien, aunque les encante, porque su salud puede verse gravemente afectada. Con las pantallas debemos procurar establecer un criterio similar.

- **Si nuestro hijo ya tiene su primera pantalla, empieza la aventura de la comunicación.** Una vez que les demos su primer dispositivo, tendremos que abrir nuevos temas de conversación. Una manera muy interesante de saber qué contenidos consumen habitualmente es proponer contenidos entre todos los miembros de la familia. Por ejemplo, una vez a la semana, compartir nuestros vídeos preferidos para que también los vean los demás. En este contexto, puedes detectar contenidos extraños y lo mejor es que abras un tema de conversación que te acerque a entender sus gustos y te sirva para corregir lo que no deberían ver o lo que no deberían consumir solos.

Pregunta 2.

Control parental: ¿sí o no?

RESPUESTA RÁPIDA:

Sí, siempre. Aunque los controles parentales no son tan solo un software instalado en el dispositivo que usan nuestros hijos. El primer control parental pasa por ayudarlos a moderar físicamente su relación con las pantallas, cuánto tiempo pasan con ellas.

Además, el control parental constituye una medida preventiva, pero es más interesante ayudarlos a descubrir contenidos positivos y usos razonables para ellos que evitarles únicamente contenidos inadecuados.

RESPUESTA:

El control parental es cualquier medida que modifique de algún modo la experiencia de un usuario con un dispositivo. Un control parental puede consistir en un filtro que impida, por ejemplo, la entrada directa a algunos sitios web, la búsqueda de determinados términos o el uso del dispositivo si se dan determinadas circunstancias, como un tiempo máximo de uso.

Esta definición de control parental se refiere a programas o software instalados directamente en el dispositivo de nuestros hijos o en el punto de acceso a internet (módem o router telefónico).

Los controles parentales directos son bastante útiles y sirven como primera medida de seguridad, especialmente en edades tempranas. Pero cuentan con algunas desventajas. Según la edad de nuestros hijos y su pericia, es probable que aprendan a saltarse algunos de sus filtros. En una ocasión un padre nos contó que estaba feliz porque había instalado un control parental en el móvil de sus hijos adolescentes, que apagaba todos los dispositivos a una hora determinada de la noche. Por los amigos de sus hijos nos enteramos de que habían cambiado el huso horario de los dispositivos, así que ponían la hora de otro lugar del planeta y en consecuencia el teórico control se volvía ineficaz.

Además, según los grados de protección de cada control parental, podemos establecer un primer límite (por ejemplo, impedir el acceso a contenido pornográfico explícito o violento), pero hay un gran número de contenidos que puede que tampoco sean convenientes para ellos y que no sean bloqueados por este filtro.

En este sentido, te proponemos dos explicaciones interesantes: para qué sirve un control parental directo y qué medidas adicionales son esenciales para acompañar a nuestros hijos en su relación con el mundo digital.

Para qué sirve un control parental directo

En primer lugar, nos ayuda a conocer la actividad de los niños en internet y sus gustos. Un control parental que nos devuelva datos de uso nos dará información directa sobre los sitios web que visitan y el tiempo que invierten en cada aplicación o contenido. Hay numerosas aplicaciones que pueden ayudarnos en este apartado y suelen llamarse, directamente, aplicaciones de control parental.

En segundo lugar, hay medidas de control parental directas en videojuegos y apps sociales. Por ejemplo, en el perfil de usuario de videoconsolas como PlayStation, Xbox, Nintendo Switch, o en juegos como *Fortnite, Clash of Clans*, etc., contamos con opciones de control parental directo. Algunas de estas opciones consisten en limitar la posibilidad de chatear o hablar con desconocidos, restringen la opción de realizar compras dentro del juego o aplicación o nos obligan a aceptar nuevos seguidores, así como mensajes de personas que no nos siguen. Todas estas posibilidades suelen encontrarse en las opciones de control parental propias de cada aplicación, videojuego o *app store*. Lo mejor es que busques las opciones de control parental que ofrecen las aplicaciones y videojuegos que tus hijos usan de forma más habitual.

En tercer lugar, hay controles parentales directos para el router o módem desde el que nos conectamos a internet en casa. Es importante saber que estos filtros solo se aplican si accedemos a internet a través de una red wifi. Es decir, si nuestro hijo accede a internet con una conexión de datos móviles, las medidas aplicadas en el router no funcionarán en absoluto. Estos filtros pueden bloquear directamente algunos términos de búsqueda o sitios web de contenido específico. Lo mejor es que preguntes por esta posibilidad a tu compañía telefónica y que tus hijos no cuenten con un plan de datos móviles hasta que no hayan utilizado las pantallas con tu supervisión durante un tiempo.

En cuarto lugar, existen controles parentales directos en los dispositivos que usan tus hijos. Tanto en Android como en iOS, puedes configurar opciones de control parental que servirán para limitar algunas funciones de los dispositivos de tus hijos. Estas medidas se aplican solo al dispositivo concreto en el que establezcamos esas opciones. Lo ideal es que busques qué opciones de control parental ofrece el dispositivo que vas a darle a tu hijo y que compruebes cuál es la configuración más adecuada para su edad.

En quinto y último lugar, existen los controles parentales directos relacionados con tiempos de uso. Además de moderar los contenidos y las opciones disponibles, es fundamental establecer un número de horas máximo de uso diario. Hay numerosas aplicaciones que nos permiten limitar el tiempo de uso en un dispositivo y que obligan a introducir una contraseña para seguir usándolo después de este tiempo. También, en este sentido, podemos bloquear el uso de algunas aplicaciones no permitidas; o, lo que más recomendamos, permitir solo el uso de las aplicaciones que hayamos pactado con nuestros hijos.

Entre las aplicaciones de control parental más populares están Family Link (de Google) y Qustodio.

MEDIDAS ADICIONALES DE CONTROL PARENTAL

Las opciones de control parental que hemos expuesto son medidas que sirven como primer filtro para descartar algunos contenidos y moderar de forma directa el tiempo de uso de dispositivos. Pero utilizarlas como única medida para solucionar problemas solo hará que sean un parche.

Hay una parte del control parental que es mucho más relevante que un software tecnológico: la educación y el acompañamiento de nuestros hijos. El mejor control parental es conseguir formar en ellos un criterio propio que los lleve a huir de contenidos nocivos y a buscar aquellos que los ayuden a crecer y a ser mejores personas. Al fin y al cabo, el objetivo de la educación es conseguir que tus hijos opten por el bien, sin importar si tú estás o no delante de ellos.

Además, cuando las medidas de control parental técnicas fallan, queda la confianza mutua. Es esencial que nuestros hijos se sientan seguros para contarnos algo que les ha hecho daño online o para que compartan con nosotros algo que les ha encantado, sin sentirse juzgados con severidad. Presta especial atención a las primeras comunicaciones, para que no se cierren y sepan que pueden contarte cualquier cosa y que vas a estar dispuesto a acompañarlos o a corregirlos del mejor modo posible.

ERES SU PADRE, ERES SU MADRE, NO ERES UN ESPÍA

Según la edad que tengan tus hijos, el control parental puede verse como algo normal o como un espionaje directo de los padres. Esta segunda opción afecta directamente a nuestra relación con ellos, en especial si son adolescentes. Suele constituir una fuente de conflictos.

Te recomendamos ser muy sincero con el estado de los dispositivos. Por ejemplo, si utilizas alguna aplicación que rastree las URL o las webs a las que entran tus hijos, díselo con claridad, para que cualquier información relacionada con estos datos sea transparente. Si habíamos pactado que puedes ver las webs que consulta, es más fácil que te pregunte por una web que le ha resultado extraña.

La confianza tendrá que abrirse paso poco a poco y tenemos que valorar la relación entre protección e intimidad de nuestros hijos. Depende de ti el momento en que dejes de usar filtros o en que decidas acompañarlos de otro modo, pero el control parental no solo es una medida prohibitiva, ya que también tiene un componente de descubrimiento de contenidos interesantes.

Imagínate que tus hijos te ven como alguien que los conoce y les puede recomendar contenidos interesantes en vez de como un espía que vigila en la oscuridad. Suena bien, ¿no? Sabemos que es difícil, pero te prometemos que merece la pena intentarlo.

Pregunta 3.

¿Qué hago si mi hijo está enganchado a videojuegos?

RESPUESTA RÁPIDA:
Según el grado de apego a los videojuegos y cómo afecte a la vida normal de tus hijos, puede que tengas que establecer medidas más o menos severas que los ayuden a corregir su comportamiento.

En el caso de tratarse de un problema de adicción o que tenga repercusiones en la salud mental de tus hijos, es muy importante que acudas a un especialista para que os ayude del modo más adecuado.

RESPUESTA:
En este apartado, vamos a hablar especialmente de videojuegos, pero muchas de las pautas y las consideraciones que exponemos también pueden aplicarse al apego excesivo o la adicción a distintas

aplicaciones que no son videojuegos, desde plataformas de consumo de contenido audiovisual hasta redes sociales.

En el caso de los videojuegos, como en casi cualquier conducta del ser humano, resulta básico distinguir entre el uso adecuado y el uso inadecuado. La línea que marca el límite entre disfrutar jugando y tener un problema de apego excesivo o adicción es difícil de delimitar. Desde nuestro punto de vista, existen dos grados de apego que son nocivos.

- El primero, y más evidente, es la adicción. Es decir, una relación con los videojuegos que no permite llevar una vida normal, ya sea porque nos impide cumplir con nuestras obligaciones (en el caso de nuestros hijos estudiar, ayudar en las labores de casa, cumplir con sus encargos, etc.) o porque nos aleja de otros aspectos relevantes y saludables de la vida, como socializar, dormir, hacer deporte, descubrir nuevos aprendizajes, etc.

- El segundo grado de apego que también es nocivo y a veces pasa más desapercibido es lo que podríamos llamar una relación exclusiva (no excluyente) con los videojuegos. Puede que nuestros hijos cumplan con todas sus obligaciones y sean ordenados, pero que su única afición o pasión sean los videojuegos. En este sentido, aunque no tiene por qué ser algo malo, es fundamental cultivar distintos aspectos de la personalidad y del gusto desde la infancia. Aunque nos encante el fútbol, por poner un símil, también tenemos que leer, tener aficiones variadas, descubrir la música, entender el mundo que nos rodea, etc. Es decir, jugar dos partidos de fútbol diario y nada más también sería una conducta poco saludable.

CUÁNDO DEBEMOS PLANTEARNOS SI NUESTRO HIJO
TIENE UN PROBLEMA DE ADICCIÓN

Por norma general, pensamos que hay un problema cuando vemos que nuestro hijo pasa demasiadas horas jugando a videojuegos. Es decir, valoramos un problema interno/psicológico analizando tan solo lo que vemos desde fuera.

Al contrario de lo que podamos pensar, la mayoría de los estudios que hablan sobre los problemas de adicción relacionados con videojuegos no sitúan las horas empleadas como principal factor determinante de la adicción. Hay cinco síntomas relevantes para detectar una adicción de conducta (como la de jugar a videojuegos):

- Abstinencia. Se refiere a encontrarse mal física o psicológicamente después de dejar de jugar. Aquí podrías preguntarte cómo está tu hijo cuando deja de jugar a videojuegos. Si suele estar triste o irascible, o si tiene un cansancio excesivo, puede que se esté produciendo la abstinencia.

- Tolerancia. La tolerancia es la necesidad de aumentar la dosis de videojuegos de forma recurrente. Es decir, aquí sí hay una relación con las horas empleadas en un videojuego, pero también con el grado de vinculación que tenemos con dicho juego. Por ejemplo, un aspecto relevante en los videojuegos es si gastan dinero para jugar y cuánto, o también, por supuesto, cuántas horas dedican a jugar y si cada vez nos piden un poco más de tiempo.

- Intentos fallidos. Los intentos fallidos son un síntoma habitual en las conductas adictivas. Si intentan dejar de jugar —o emplear menos tiempo en jugar y más en otras ocupaciones— y no lo consiguen, podemos deducir que se está dando este síntoma. Un ejemplo similar es el de dejar de fumar sin éxito. En los videojuegos, tenemos que preguntar a nuestros hijos por qué siguen jugando o por qué no son capaces de dejarlo, para saber si simplemente los supera.

- Preocupación excesiva. Si dedicamos habitualmente más horas y más recursos en nuestra cabeza a la conducta en cuestión, también deberíamos preocuparnos. Por ejemplo, en el caso de nuestros hijos, es importante saber cuánto tiempo dedican a pensar en el videojuego al que jugarán después, o si son capaces de pensar en cosas distintas o no.

- Engaño. Es habitual que la conducta adictiva se traduzca en situaciones de engaño a uno mismo y a los demás, desde a nosotros, los padres, hasta a sus amigos, primos, etc.

Si todos estos síntomas se dan en tu hijo sistemáticamente, de modo sostenido en el tiempo, deberías valorar la ayuda de un especialista.

Además, como padre o madre, puedes ayudar a tus hijos de manera preventiva, con tu ejemplo y con un modelado emocional. Por ejemplo, prueba a contarles que te sientes triste y qué haces cuando te sientes triste, o que estás aburrido y qué haces cuando estás aburrido. Estas situaciones pueden ayudarlos a ver que hay otros modos de afrontar sus emociones negativas y sus impulsos, a través de tu ejemplo.

Puede ayudarte también leer la pregunta 7, sobre la salud mental, en especial el epígrafe sobre las vías de escape y la gestión de las frustraciones.

CÓMO CONSEGUIR QUE VEAN MÁS ALLÁ DE LOS VIDEOJUEGOS

Las respuestas a por qué tu hijo tiene tanto interés en el mundo de los videojuegos pueden incluir motivos muy diversos.

- En algunos casos, quieren ser como sus jugadores preferidos (famosos y ricos) y ese objetivo incluye, necesariamente, numerosas horas de juego que los ayuden a mejorar.

- En otros, nuestros hijos simplemente experimentan un cúmulo de emociones fuertes al jugar que no encuentran en otros sitios.

- O también puede suceder que su relación habitual con los amigos se dé en el ámbito de los videojuegos.

Los tres casos expuestos son muy distintos entre sí. Por ejemplo, si nuestros hijos juegan con sus amigos de manera habitual, en su apego a los videojuegos puede haber una búsqueda de socialización que es positiva. O en el caso de querer ser mejores jugadores, también puede haber una búsqueda de éxito o de esfuerzo que puede ser positiva. Lo más importante, desde nuestro punto de vista, es ayudarlos a buscar esas aspiraciones también fuera de los videojuegos.

Preguntarles por el contexto en el que juegan y por los motivos que les atraen de los videojuegos nos dará muchas pistas para buscar planes alternativos o situaciones en las que también puedan encontrar lo que los hace felices. Este modo de afrontar la relación con los videojuegos es aconsejable en un contexto saludable, pero insistimos en la necesidad de acudir a un especialista si la situación no es fácilmente controlable.

CÓMO AYUDARLOS A ELEGIR VIDEOJUEGOS QUE SEAN MENOS ADICTIVOS O ESTIMULANTES

«Jugar a videojuegos» es un concepto muy amplio que no incluye algunas valoraciones muy determinantes. Por ejemplo, hay juegos que ayudan a que estemos más relajados después de jugarlos, y hay otros que generan una situación de excitación muy grande; hay videojuegos que tienen partidas con una duración determinada y otros que son una aventura continua, sin partidas.

Conocer a nuestros hijos nos ayudará a aconsejarles juegos que sean buenos para ellos. Por tanto, si percibimos conductas de ira al terminar de jugar, es esencial que los ayudemos a entender que deben cambiar ese aspecto, quizá jugando durante un tiempo a algo distinto que no los altere tanto o, simplemente, dejando de jugar durante una temporada.

También podemos aprender a moderar cuánto juegan de un modo distinto. Por ejemplo, en un videojuego que incluya partidas que empiezan y acaban, como un partido de fútbol en FIFA o Pro Evolution Soccer, es mejor moderar el uso por el número de partidas que se pueden jugar en un día que por las horas, dado que estas partidas suelen tener una duración similar y cortar a mitad de una de ellas puede ser muy frustrante.

Como consejo práctico, jugar una vez con ellos o jugar mientras ellos nos ven alguna vez nos puede servir mucho para entender la dinámica del videojuego y qué parte es la que engancha en dicho juego. Con esta información, seremos más capaces de entender cómo está afectando o puede afectar a nuestro hijo para tomar la decisión más oportuna. Si no queremos o no sabemos jugar, a veces basta con verlos jugar a ellos y pedirles que nos expliquen lo que está pasando, mientras prestamos toda la atención posible.

Pregunta 4.

¿Cómo saber si mi hijo tiene una adicción a las pantallas?

RESPUESTA RÁPIDA:

Los síntomas típicos de una adicción conductual son los siguientes: síndrome de abstinencia (situación de malestar psíquico o físico al cesar una conducta), tolerancia (necesidad de aumentar la dosis de una conducta de forma recurrente), intentos fallidos de cesar en la conducta, preocupación excesiva por la conducta y engaño (propio o a los demás, en relación con esa conducta).

Si no se reúnen síntomas como los anteriores, puede que la relación desordenada con las pantallas no sea una adicción, pero sí un campo en el que educar y acompañar mejor a nuestros hijos.

RESPUESTA:

En muchos hogares, los padres y las madres están preocupados por la relación que sus hijos tienen con las pantallas y el excesivo tiempo de uso. Además, este problema también podemos observarlo en nosotros mismos. A veces, pasamos más tiempo del que nos gustaría con las pantallas e incluso somos incapaces de estar un rato largo sin mirar el móvil o sin consumir ningún contenido digital.

La pregunta sobre la adicción a las pantallas con respecto a nuestros hijos debe ser la última que nos hagamos. De la misma manera que intentamos educarlos para que sean moderados en todo, hemos de poner especial interés en ayudarlos a estar separados del móvil o de cualquier otro dispositivo.

En este apartado, vamos a hablar de tres aspectos relevantes en la relación con las pantallas y recordamos, de nuevo, que cualquier problema cercano a la adicción debe ser valorado y tratado directamente por un especialista.

CÓMO DETECTAR UN TIEMPO DE USO DESORDENADO

En ocasiones nos faltan referencias para saber si lo estamos haciendo bien o no. ¿Cómo podemos saber si la educación de nuestros hijos es correcta o si deberíamos mejorar algo? Lo cierto es que nadie puede valorar este hecho tan bien como tú. Del mismo modo, el tiempo de uso adecuado para cada hijo debe ser una decisión personal de los padres y las madres.

Para valorar cuál es el uso adecuado que tus hijos deben dar a los dispositivos, te recomendamos que pienses desde otra perspectiva. No te preguntes cuántas horas podrían dedicar a las pantallas sin que surja un problema, sino qué cosas podrían hacer dentro de su horario y para qué actividades son necesarias las pantallas.

Entre los distintos ámbitos a los que podemos dedicar nuestro tiempo y el de nuestros hijos, es esencial distinguir entre el ocio y las obligaciones. Por ejemplo, estar tres horas con un ordenador realizando un trabajo o buscando información relacionada con el estudio no es lo mismo que pasar tres horas consumiendo contenidos recomendados por algún algoritmo.

Un ejercicio muy sencillo para poder saber a qué dedican el tiempo con pantallas y tomar las decisiones oportunas consiste en pedirles que escriban en un papel lo que van a hacer con el dispositivo antes de dárselo. Planificar el tiempo con pantallas sirve para que los niños tomen conciencia de la diferencia que hemos explicado antes.

Mientras estén usando las pantallas con un plan preestablecido, siempre podremos preguntarles en qué punto de lo que habíamos planeado se encuentran. Si ya han terminado todo lo que era necesario en las pantallas, quizá sea un buen momento para dejar los dispositivos durante el resto de la tarde o del día.

Dividir su tiempo entre momentos de ocio y de trabajo también puede funcionar con dispositivos distintos. Por ejemplo, no utilizar el ordenador del colegio o la tablet para jugar, sino para estudiar, y jugar, en cambio, en dispositivos del hogar, como la televisión del salón o un dispositivo compartido con los hermanos. Incluso para los adultos es difícil dividir el tiempo de ocio y el de trabajo cuando en el dispositivo de trabajo surgen distracciones como notificaciones o noticias de última hora. En el caso de nuestros hijos, estas distracciones también pueden darse, dificultándoles la concentración o llevándolos a distraerse de forma constante.

LA EXPERIENCIA DE USUARIO Y EL DISEÑO DE SOFTWARE

Es básico que partamos de un conocimiento relacionado con el diseño de aplicaciones y software. La mayoría de las empresas diseñan su software con la perspectiva de facilitar la navegación y retener a los usuarios. Algunos ejemplos sencillos de estas técnicas son los vídeos recomendados, los artículos relacionados o el hecho de que el siguiente capítulo de una serie empiece de modo automático al acabar el anterior.

Hay numerosas técnicas de marketing y experiencia de usuario que influyen en cómo nos relacionamos con la tecnología. Algunos ejemplos:

- *Clickbait*: es la exageración en los titulares de las noticias con la finalidad de que hagas clic. Una especie de señuelo para que el mayor número de usuarios posible sienta curiosidad y acabe leyendo el artículo o viendo el vídeo en cuestión. Hacer clic en todo lo que nos llame la atención es una práctica poco saludable, puesto que puede llevarnos a estar constantemente distraídos y separarnos de la información que realmente merece la pena.

- **Estrategias de captación de *leads* (clientes potenciales):** una estrategia típica de captación de *leads* consiste en ofrecer algo gratuito a cambio de pedirnos nuestro correo electrónico. Después, a través de ese medio, nos llegará información que tendrá fines distintos y, muy probablemente, no gratuitos.

- **Contenidos relacionados:** con la evolución en el modo de consumir contenidos, cada vez surgen nuevas formas de sugerir lo siguiente que deberías ver. En YouTube, por ejemplo, es habitual escuchar un «Te dejo por aquí el link a otro vídeo» o ver, al final de los vídeos, otros relacionados. Por no hablar de los que nos recomienda directamente el algoritmo.

Hace un tiempo los contenidos relacionados se nos mostraban porque tenían algo que ver con la noticia o el vídeo en el que nos encontrábamos. Pero actualmente el modo de recomendar contenidos parte de la información que cada algoritmo posee sobre nosotros. Por ejemplo, TikTok o Netflix o YouTube nos recomiendan series que podrían gustarnos o publicaciones porque el algoritmo asocia a nuestro usuario algunas etiquetas de contenido que nos gusta de manera habitual.

Podríamos enumerar más técnicas de captación de la atención por parte de las aplicaciones y las plataformas, pero con esta breve relación solo queremos resaltar que las empresas y los sitios web tienen un interés evidente en que pasemos el mayor tiempo posible utilizando su plataforma y en tener la mayor información posible sobre nosotros, porque este hecho redunda en que pasemos más tiempo descubriendo contenido que la plataforma nos recomienda.[9]

En este contexto, es muy importante que aprendamos a transmitir a nuestros hijos que deben ser independientes del algoritmo. En ocasiones es más efectivo ayudarlos a descubrir cosas nuevas, convertirnos en su algoritmo personal, que pedirles que dejen de utilizar un dispositivo. Las alternativas a las pantallas son muchas y requieren esfuerzo, pero si nuestros hijos tienen una relación saludable con los dispositivos, cada vez les costará menos pasar del móvil o la tablet a otras actividades.

---

9. A este respecto, puede ayudarte ver junto a tus hijos el documental *El dilema de las redes sociales* (Netflix, 2020).

Pregunta 5.

¿Qué hacer si sospecho que mi hijo está siendo víctima de ciberbullying?

RESPUESTA RÁPIDA:

En muchas ocasiones, el ciberbullying se descubre por signos indirectos, como ver a nuestros hijos tristes, cansados o aburridos ante cuestiones que antes los apasionaban. Si detectas algún signo extraño en el comportamiento de tus hijos, pregúntales por la causa para intentar descubrir si hay algún rastro de ciberbullying o acoso.

Una vez descubierto algún acto de acoso o algún comentario por parte de cualquier usuario de internet, la primera medida es denunciar su perfil a la red social. Si el comentario o los mensajes pueden ser constitutivos de delito, también es fundamental denunciarlo ante la policía y, finalmente, deberemos tomar medidas preventivas y de acompañamiento que ayuden a nuestros hijos a recuperarse del trauma que hayan vivido y no volver a encontrarse en una situación similar.

RESPUESTA:

El ciberbullying es uno de los riesgos que más preocupan a los padres y las madres sobre internet. Es importante entender que para nuestros hijos existe una separación muy pequeña entre la gravedad de lo que una persona podría decirles a la cara y lo que les transmita a través de una app, videojuego o chat online.

Para nosotros es evidente que una persona anónima que nos escribe a través de una red social no tiene derecho a poder hacernos daño. Hemos aprendido a filtrar la información que recibimos a través de los conceptos de emisor, canal y mensaje. Por supuesto, para cualquier persona adulta, recibir un insulto por la calle de forma directa tiene una gravedad distinta a la de recibirlo a través de Twitter o Instagram.

En el caso de nuestros hijos, la barrera de internet puede ser poco nítida. Quizá perciben las relaciones digitales de un modo mucho más directo y real de lo que lo hacemos nosotros. Por este motivo, el daño que puede hacerles un comentario o incluso la falta de likes tiene una dimensión superior a la que alcanzamos a entender.

El mundo interior de nuestros hijos incluye sus relaciones con otras personas a través de los medios digitales. Por eso, es básico enseñarles cuanto antes la importancia de hacernos partícipes de esas relaciones, preguntarles qué han hecho hoy en internet y saber con quiénes se han relacionado.

EL ACOSO DE UN DESCONOCIDO

Sufrir acoso por parte de un desconocido es un contexto que genera bastante amargura en los niños y que también es difícil de afrontar por parte de los padres. En algunas ocasiones, los comentarios a los que tienen que enfrentarse niños pequeños o adolescentes son muy desagradables.

La primera medida necesaria es limitar el acceso que cualquier desconocido pueda tener a los chats y conversaciones de nuestros hijos. Esto es posible gracias a medidas de control parental, a la utilización de cuentas privadas en redes sociales y a la supervisión continuada de las conversaciones que mantienen los menores en el entorno digital.

Tenemos que enseñar a nuestros hijos a no aceptar regalos de desconocidos, igual que en el entorno offline, a aprender a no escuchar las críticas o comentarios de cuentas anónimas y hacerles ver que detrás de una cuenta no identificada puede esconderse desde alguien de su misma edad hasta un adulto con intenciones de todo tipo.

Lo más importante frente al acoso de un desconocido es que acudan a nosotros cuanto antes, para que podamos ayudarlos a gestionar la situación del mejor modo posible.

Si tus hijos sufren algún acoso de este tipo, utiliza las medidas de prevención iniciales (bloquea y reporta la cuenta) y en caso de que consideres que los comentarios constituyen un delito, no dudes en denunciar.

EL CIBERBULLYING O EL BULLYING CONTINUADO
A TRAVÉS DE INTERNET

Hay otra situación que es esencial distinguir de la anterior. A veces, el acoso no proviene de personas desconocidas, sino que es la traslación de un acoso en el colegio o en el grupo de amigos a los canales digitales.

Especialmente entre adolescentes, se miden muy poco las conversaciones y los comentarios hacia los demás, y el anonimato que ofrece internet da pie a situaciones desagradables que pueden hacer mucho daño a nuestros hijos.

En el caso de sufrir ciberbullying por parte de personas del entorno escolar o amigos de nuestros hijos, además de las medidas que hemos recomendado en el apartado anterior, es fundamental pedir la colaboración del centro educativo, que tiene protocolos de actuación ante este tipo de situaciones, contar el caso a los padres y madres del resto de los niños del grupo de nuestros hijos y tratar de buscar una solución que no los excluya de su grupo o del entorno en el que son felices.

Por supuesto, también es importante denunciar las conductas constitutivas de delito en este ámbito y apoyar a nuestros hijos para que no se sientan solos frente a una agresión de este tipo.

El ciberbullying puede relacionarse con otras realidades, como el sexting. El sexting consiste en compartir imágenes propias de carácter íntimo o sexual. Esta práctica es especialmente peligrosa porque otorga a la persona que recibe el contenido el poder de amenazar con difundirlo a cambio de algo. Por lo general, a cambio de recibir más contenido explícito.

Si detectas una situación relacionada con sexting, recuerda que también puedes denunciar las amenazas o extorsiones a la policía, así como solicitar a la otra persona que borre el contenido íntimo que no deseas que se difunda. En cualquier caso, la mejor medida para que no se produzca una situación como esta es dejar muy claro a nuestros hijos la gravedad de compartir contenidos de este tipo y las consecuencias desagradables que pueden conllevar para ellos.

LA PREGUNTA INVERSA, LA MÁS DIFÍCIL

Es fácil preguntarse por el ciberbullying cuando nuestros hijos sufren algún tipo de acoso, pero una realidad menos frecuente es la pregunta inversa: ¿es posible que nuestros hijos estén acosando a otros niños o amigos? ¿O que estén siendo testigos de algún caso de ciberacoso y que no estén haciendo nada?

Si el ciberbullying es difícil de detectar en los primeros momentos, saber si nuestros hijos están participando de algún modo es aún más complicado. Por eso hay que prestar especial atención a cómo tratan nuestros hijos a los demás en el entorno digital.

Por lo general, los niños que participan en situaciones de acoso hacia un compañero utilizan un lenguaje distinto en el entorno digital que en la vida real; parecen personas diferentes cuando escriben mensajes y cuando hablan con nosotros. Si te sorprende algo en el tono de sus comunicaciones o utilizan palabras que no entiendes o, incluso, si ves que tu hijo ha participado en algún tipo de acoso hacia otra persona, es muy importante que lo ayudes a dejar de hacerlo y a intentar arreglar el daño que haya causado.

UNA EDUCACIÓN PARA SER BUEN CIUDADANO DIGITAL

En resumen, el entorno digital ofrece espacios y canales nuevos, pero cuenta con riesgos muy similares a los de la vida real. La educación y el modo de ser de una persona también se manifiestan en el entorno digital, incluso cuando realiza comentarios o acciones a través de un perfil anónimo.

Ser una buena persona también tiene que ver con ser un buen usuario en internet, en un sentido amplio. Por eso, debemos trasladar cualquier enseñanza que deseemos transmitir a nuestros hijos a cómo queremos que se comporten en el entorno digital. No debemos consentirles acciones o comentarios en internet que no consentiríamos en cualquier otro ámbito.

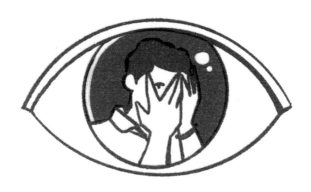

¿Qué hago si pillo a mi hijo viendo pornografía?

RESPUESTA RÁPIDA:

Si solo pudiéramos darte un consejo, el más importante sería este: no te muestres distante o asustado. Lo más relevante en este contexto es que tu hijo siga pensando que puede contártelo todo y que vas a estar ahí para acompañarlo pase lo que pase.

Te recomendamos que mantengas una conversación sobre sexualidad y contenidos explícitos en cuanto lo consideres oportuno, para que internet no explique a tus hijos conceptos o ideas que te habría gustado transmitirles antes por ti mismo.

RESPUESTA:

En uno de nuestros programas de pódcast pudimos entrevistar a Blanca Elía, responsable de comunicación de la plataforma Dale Una Vuelta. Esta plataforma tiene como misión concienciar a la sociedad y aportar información y datos en torno a la pornografía. Algunos de los datos que proporcionan son los siguientes:

* La media de edad de inicio en el consumo de pornografía son los once años.

* El 90 por ciento de los niños entre ocho y dieciséis años han visitado una web de pornografía.

* El 80 por ciento de los jóvenes que ven pornografía tienen comportamientos sexuales agresivos.

* Uno de cada diez menores europeos hace sexting.

Desde nuestro punto de vista, estos datos tienen numerosas interpretaciones y consecuencias que afectan de modo directo a cómo deberíamos enfocar la educación sexual y afectiva de nuestros hijos, en especial cuando tienen acceso a una pantalla de forma autónoma.

Teniendo en cuenta que es probable que tus hijos se encuentren con contenidos inadecuados para su edad y que se vean obligados a afrontarlos de alguna manera, debemos establecer un ambiente de confianza que les permita plantearnos todas las dudas que les surjan y hablarnos de los contenidos que ya hayan encontrado o hayan hablado con sus amigos.

Blanca Elía, de daleunavuelta.org, comentaba en nuestro pódcast que es mejor llegar un año antes que un solo día después a esta conversación. Entre otras cosas, es fundamental que nuestros hijos entiendan que la pornografía no es una representación de la realidad y que la sexualidad no es la pornografía.

Estos conceptos son importantes, por ejemplo, en relación con uno de los datos mencionados anteriormente. Los comportamientos sexuales agresivos suelen estar muy relacionados con el consumo de pornografía, así como otros problemas de carácter sexual y afectivo que pueden desarrollarse durante la adolescencia y manifestarse a lo largo de la vida.

En otros capítulos hemos hablado de la necesidad de estar disponibles para las cuestiones que planteen nuestros hijos en cualquier plano, porque lo que nosotros no contestemos acabará contestándolo Google. Y en este ámbito, es especialmente relevante.

CREO QUE TODAVÍA NO ES EL MOMENTO, ¿CÓMO PUEDO SABER CUÁNDO TOCA TENER ESTA CONVERSACIÓN?

Si tus hijos son muy pequeños, probablemente no tengas que hablar de pornografía con ellos, porque no te entenderán y tampoco ayudarás a prevenir ningún problema. En algunas ocasiones, hay niños pequeños que se cruzan con contenidos inadecuados (incluso contenidos no pornográficos, sino violentos) y ni siquiera saben qué han visto, pero se quedan profundamente impactados.

Por eso hay que adaptar la conversación a su edad, a su sensibilidad y a su momento de madurez personal. A través de los controles parentales y la supervisión, podemos prevenir que accedan a la gran mayoría de los contenidos inadecuados, pero debemos permanecer atentos a cualquier cambio en su comportamiento o en su actitud con respecto a nosotros.

Si percibes que hay algún cambio en la confianza entre vosotros o alguna acción externa como esconderse para utilizar un dispositivo, borrar el historial de navegación, contar vagamente qué sitios web visitan o hablar de temas de los que no habían hablado anteriormente, es probable que hayan tenido algún contacto con contenidos inadecuados.

LA PORNOGRAFÍA NO SOLO SE ENCUENTRA EN WEBS DE ACCESO PÚBLICO

A veces, pensamos en el consumo de pornografía como el acceso a una página web que incluye contenidos de este tipo, pero existen algunas aplicaciones que tienen riesgo de incluir contenido pornográfico explícito y que es esencial que supervisemos.

En concreto, hay dos tipos de aplicaciones que son especialmente relevantes en este sentido: las de mensajería y las de contenidos efímeros. En las aplicaciones de mensajería privada, los niños pueden compartir contenidos entre ellos sin que tengamos constancia de que los han visto. Desde una foto que desaparece al verla una sola vez, hasta vídeos y archivos que pueden borrar después de la galería de fotos o vídeos.

Según la edad de nuestros hijos, puede que sea normal que supervisemos sus conversaciones privadas y que les preguntemos por cosas que nos parezcan importantes; pero el mejor modo de educar en este sentido es adelantarnos al momento en el que la confianza con ellos pueda debilitarse.

¿Cuál puede ser el efecto de las redes sociales en la salud mental de mi hijo adolescente?

RESPUESTA RÁPIDA:

Las pantallas afectan a la salud mental. No debemos entender esta afirmación como que las pantallas perjudican la salud mental, sino que tenemos que prestar atención al uso que nuestros hijos dan a los dispositivos para saber si existe algún riesgo que pueda perjudicar su salud o si el uso de pantallas en casa es saludable.

La salud mental incluye numerosos factores que, en general, tienen que ver con el equilibrio personal. Es muy difícil dar una sola respuesta a esta pregunta, pero si tuviéramos que centrarnos en un consejo, sería el siguiente: un desequilibrio en el uso de dispositivos digitales puede tener consecuencias negativas en la salud mental de tus hijos; por lo tanto, es importante moderar su uso y saber equilibrarlo con el resto de sus actividades para impulsar una correcta salud mental y emocional.

RESPUESTA:

En el último siglo, la psicología y la psiquiatría han avanzado mucho y nos dan pistas sobre enfermedades, problemas y trastornos de los que no podíamos hablar hace algunos años, porque no conocíamos su existencia.

Cada vez se progresa más en el conocimiento del órgano más complejo del ser humano: el cerebro; y al mismo tiempo, aparecen nuevas preguntas. A este fenómeno hay que sumarle la novedad de nuestra relación con los dispositivos digitales. Todavía no hay tantos estudios científicos que desarrollen las consecuencias del uso de dispositivos tecnológicos en nuestra salud mental y la de nuestros hijos, aunque sí podemos fijarnos en determinadas relaciones interesantes entre la salud mental y el uso de pantallas.

La salud mental de nuestros hijos es un pilar muy relevante en la educación y el acompañamiento; por eso te animamos a prestar atención a este aspecto de su educación y bienestar del mismo modo que al resto. La alimentación, el rendimiento académico y las relaciones sociales son elementos más visibles y externos que pueden preocuparnos y que afrontamos de forma habitual, pero la salud mental puede ser el centro de los problemas o de las ventajas en las demás actividades de su vida.

La adolescencia, especialmente, es un momento muy importante que fija hábitos y percepciones sobre la vida en nuestros hijos y que tenemos que aprovechar para ayudarlos a ser felices.

LAS VÍAS DE ESCAPE Y LA GESTIÓN DE LAS FRUSTRACIONES

Sobre adolescentes y pantallas, pudimos entrevistar a la psiquiatra Marian Rojas en uno de nuestros estudios sobre el impacto de las pantallas en la vida familiar y nos dio una clave que puede servirte para acompañar y educar a tus hijos. La idea central es que en la adolescencia aprendemos a gestionar las frustraciones (que son especialmente intensas en esta época) a través de algunas vías de escape. Esas vías de escape son situaciones, hábitos o actividades que nos llevan a no sentirnos frustrados, encontrar la paz y dejar durante un rato el peso de las cosas que no son como nos gustaría, las que no nos han salido bien o el aburrimiento.

Las pantallas pueden convertirse en una vía de escape nociva, que nos lleve a perder el tiempo o a no tener el control sobre nuestra concentración o sobre nuestra voluntad. Por eso es fundamental educar a nuestros hijos para que no encuentren en el entorno digital una vía de escape nociva. En este sentido, también pueden ser una vía de escape positiva. Pasar tiempo produciendo música delante del ordenador para descansar o para desconectar es positivo, pero navegar sin rumbo encontrando contenidos curiosos que no nos aportan valor no lo es. El motivo principal reside en que en una actividad que requiere esfuerzo (la música, edición/grabación de vídeo, generación de contenidos, búsqueda de contenidos interesantes, etc.) no intentamos huir de la frustración de un modo negativo, sino que abrimos una actividad que nos ayuda a descansar y que también incluye esfuerzo.

Esta educación en el esfuerzo ayuda a que nuestros hijos sean capaces de afrontar los problemas de manera autónoma y que aprendan a tomar decisiones. Y estos aprendizajes tienen un impacto directo en la salud mental. Ser capaces de gestionar la frustración, de esforzarse y de aprender los ayudará a conocerse mejor a sí mismos y a hacerse las preguntas adecuadas sobre su estado de salud mental.

En cambio, huir a menudo de la frustración, no saber gestionar el aburrimiento o utilizar las pantallas como vía de escape recurrente puede derivar en problemas relacionados con adicciones, incapacidades para concentrarse, frustraciones mayores, pérdida de sentido de la realidad, etc. De estos problemas hemos hablado en los puntos anteriores.

PROBLEMAS RELACIONADOS CON EL TIPO DE USO

Además de los aspectos más evidentes ya expuestos, hay una perspectiva interesante sobre cómo las pantallas afectan a la salud mental que no tiene que ver con el motivo de uso o con los tiempos de uso de dispositivos, sino con cómo afectan determinadas aplicaciones o contenidos de modo concreto a la salud mental.

Ciertos contenidos pueden ser traumáticos para nuestros hijos, si no poseen la madurez suficiente para afrontarlos. O algunas aplicaciones, por su propia dinámica, pueden tener efectos directos en cómo se perciben a sí mismos y a los demás, afectando, en consecuencia, a su salud mental.

En este apartado, además de lo expuesto en las preguntas 3, 4 y 5, creemos que es básico plantearse la afectación emocional o mental que determinadas aplicaciones y contenidos generan en nuestros hijos. Hay videojuegos que producen calma y otros que nos alteran o nos mantienen en tensión durante toda la experiencia. Del mismo modo, hay aplicaciones que, por su diseño, nos llevan a pasar horas y horas explorando nuevos contenidos y otras que nos inducen a enfocarnos en el contenido que estábamos buscando.

Por ejemplo, si tus hijos son incapaces de aguantar viendo una película entera, puede que necesiten aprender a ser más pacientes, a dedicar más tiempo a profundizar y a mantener su atención en un único objeto o en algo concreto. Esta capacidad les permitirá estudiar mejor, ser más constantes y tener más criterio para elegir qué quieren hacer en cada momento.

En ocasiones en las que no veamos posible redirigir su conducta o ayudarlos a dejar de lado ciertos comportamientos, deberemos tomar medidas más drásticas, como eliminar los dispositivos en los tiempos de ocio o reducir su uso al mínimo, pero en general podemos acompañarlos dándoles ejemplo y con paciencia.

Volviendo al ejemplo anterior, preparar una sesión de cine para toda la familia, explicar algunos elementos relevantes de la película y debatir después qué nos ha gustado y qué no, puede servir para que una película se convierta en una excusa para pasar tiempo juntos y compartir nuestra opinión con el resto de los miembros de la familia.

EL MIEDO Y LAS POSTURAS EXTREMAS FRENTE A LAS PANTALLAS

Las pantallas son una realidad que no podemos obviar. Están aquí para quedarse y es muy improbable que podamos tener una vida profesional y personal, adaptada a nuestro tiempo, sin pantallas. En este sentido, creemos que no cabe la posibilidad de alejarse por completo de ellas, de vivir como si no existieran.

Por eso, las posturas extremas (eliminar las pantallas, o no poner ningún límite a su uso) nos parecen poco realistas. En cambio, si tus hijos son capaces de vivir de forma equilibrada su relación con las pantallas, habrán ganado una capacidad más que les permitirá ser más felices y vivir de un modo mejor para siempre.

———————

Todos los esfuerzos por generar una
relación saludable con los dispositivos
digitales otorgarán a nuestros hijos
un poder para toda la vida.

———————

Este apartado —la educación digital— es un nuevo reto que se suma al resto de los aspectos de la educación, y podemos verlo como una carga. Pero te animamos a descubrir en las pantallas un aliado para conseguir metas educativas mayores.

Si crees que alguno de tus hijos necesita ser más paciente o gestionar mejor la frustración, explícale que vamos a intentar conseguirlo también a través de su relación con los dispositivos y busca medidas creativas que te ayuden a lograrlo incluso a través de las pantallas. Adentrarte en su mundo interior te ayudará a encontrar pistas y posibilidades que probablemente no hubieras pensado de antemano.

¿Cómo puedo ayudar a mis hijos a configurar su cuenta en redes? ¿Es mejor una cuenta privada o una cuenta pública?

RESPUESTA RÁPIDA:

Ha llegado el día. Tu hijo tiene su primera pantalla y comienzan las preguntas. ¿Puedo descargarme esta aplicación?, ¿puedo descargarme esta otra?, ¿me puedes abrir una cuenta aquí? O, mucho peor: no llega ninguna pregunta. De repente, tu hijo tiene acceso al mar infinito de internet. Y no sabes por dónde está navegando.

Como al aprender a montar en bicicleta, no podemos dejar solos a nuestros hijos frente a un dispositivo. En sus primeros pasos en el mundo digital, debemos ayudarlos a entrar poco a poco, en un entorno que controlemos y en el que podamos tomar decisiones rápidas. Comenzar con una cuenta privada en cualquier red social es esencial para mantenerlos seguros, sobre todo si son muy pequeños. El paso a publicar contenidos abiertos y tener la posibilidad de relacionarse con otras personas debe ser algo progresivo.

RESPUESTA:

Sin duda, al empezar a utilizar cualquier red social o aplicación que permita relacionarse con otras personas, debemos acompañar a nuestros hijos. No dejarlos solos no es exactamente crearles una cuenta privada.

Que una cuenta sea privada significa dos cosas. Por un lado, el contenido que nuestros hijos publiquen solo será visible para los usuarios a los que demos acceso, porque les permitiremos seguirnos o suscribirse a nuestro contenido. Por otro lado, las personas que podrán contactar de forma directa con nuestros hijos también se reducen a los seguidores o cuentas permitidas.

En este sentido, no podemos pensar que una cuenta privada protege a nuestros hijos del todo, porque, aunque limitemos los canales de acceso hacia ellos, no estamos limitando el contenido que pueden consumir en esa aplicación. En el caso de Instagram o TikTok, por ejemplo, las cuentas privadas sirven para que otros usuarios no puedan escribirnos mensajes directos, ver nuestras publicaciones o comentarlas. Pero nosotros sí podemos acceder a todos los contenidos públicos en esas redes sociales.

Las cuentas privadas pueden dar una falsa seguridad a los padres, que piensan que los hijos ya están protegidos. Es esencial sumar otras medidas a esta para conseguir una protección mayor. Además de utilizar cuentas protegidas, también debemos activar los correspondientes controles parentales de cada aplicación, por ejemplo, para limitar los contenidos que nuestros hijos pueden consumir en el entorno de una app. O, en el caso de los videojuegos, para limitar los comentarios que nuestros hijos pueden hacer en público o las compras que pueden realizar a través de dichos juegos.

Todas estas medidas son externas, solo generan barreras a conductas o descubrimientos que no queremos ver en nuestros hijos, pero no son la protección más efectiva o la única necesaria.

Además de las medidas externas o más directas, tenemos que esforzarnos por explicar a nuestros hijos qué está bien y qué está mal, para exigirles algunas conductas y para ayudarlos a ser igualmente buenos en el entorno digital.

EL EXPERIMENTO DE LAS PRIMERAS PUBLICACIONES
Te recomendamos un ejercicio que te ayudará a entender muchas cosas de un modo rápido. Tiene dos partes, que te aconsejamos hacer en este orden.

- En primer lugar, configura la cuenta con tu hijo y pregúntale a quién quiere seguir. Deja que pase algo de tiempo y vuelve a sus seguidores y cuentas seguidas; echa un vistazo y pregúntate si hay algo raro o si todas las personas a las que sigue son conocidas o cuentas cuyo contenido sea adecuado.

Si en este punto encuentras algo raro, acabas de descubrir una conversación interesantísima con tu hijo que comienza con la pregunta: «¿Por qué sigues a esta cuenta?». Es esencial que no perciba que estás espiándolo, y para ello hay que dejar claro desde el principio que abrir una cuenta en una red social implica la supervisión de un adulto, que podrá preguntarle y que lo ayudará a encontrar los contenidos más adecuados para su edad.

Después de la reflexión sobre los contenidos y las cuentas seguidas, hay otro modo más indirecto de encontrar tendencias de consumo o contenidos relevantes para nuestros hijos. Te recomendamos que consumas contenidos con él, que te vaya enseñando los vídeos que le gustan y que te cuente más cosas sobre ellos, por ejemplo. Lo bueno de los algoritmos es que fijan patrones de interés, es decir, viendo un grupo de contenidos sugeridos para nuestros hijos podremos saber, más o menos, el tipo de contenidos que han consumido anteriormente.

- En segundo lugar, después de haber tenido una conversación sobre los contenidos, también es importante averiguar sus inquietudes y sus posibles inseguridades. Para esto, otra opción muy interesante es animarlos a publicar sus propios contenidos. En este punto, pueden pasar varias cosas.

Si nuestros hijos se muestran totalmente reacios a publicar, puede que simplemente no estén interesados o les dé vergüenza, o también que detectemos complejos físicos o frustraciones de los que no habíamos hablado con ellos. Aquí ya hay otra conversación pendiente.

En cambio, si se deciden a publicar, en sus publicaciones, sus modos de hablar, su mirada y sus intenciones en cada publicación, podremos encontrar conversaciones profundas sobre cuáles son sus referentes. Por ejemplo, si nuestro hijo publica fotos muy centradas en la estética o en su cuerpo, o si no reconocemos su personalidad en las publicaciones que realiza, es probable que exista algún problema o algún error de percepción sobre sí mismo que podemos corregir, ayudándolo a impulsar su autoestima.

Dónde puedes mirar para saber lo que está pasando

Aunque ya lo hemos expuesto, te proponemos algunas cosas concretas para profundizar en el conocimiento sobre qué hacen tus hijos en internet que pueden servirte a modo de *checklist*.

- **Historiales de navegación y de búsqueda.** Revisar los contenidos que han visto en plataformas de vídeo o streaming también puede darte muchas pistas sobre sus intereses y sobre el tiempo que pasan con dispositivos digitales. De nuevo, es importante el modo de hacerlo. No cojas su dispositivo en secreto para preguntarle como si lo hubieras espiado; enséñale tu historial y pregúntale después por el suyo, o ayúdalo a ser transparente en este ámbito para que vea el interés que tienes en él.

- **Mensajes directos y mensajes privados.** Además de sus publicaciones o comentarios públicos, puede ser recomendable que revises con ellos sus conversaciones privadas. Quizá no debas entrar a leerlo todo, pero sí es bueno descubrir con qué personas hablan más en privado, con quiénes tienen abiertos estos canales y preguntarles por ellos, para conocer a las personas con las que se relacionan.

- **Algoritmo.** Como hemos comentado, comenzar a consumir contenidos desde sus aplicaciones también es muy útil para descubrir intereses habituales. Si simplemente nos fijamos en los vídeos relacionados de YouTube, o hacemos *scroll* a través de sus muros, encontraremos las mismas publicaciones que habrían visto ellos. Y el algoritmo ya nos habrá facilitado el trabajo de mostrar contenidos que podrían interesar a tus hijos. En este punto, no te asustes si aparece de manera repentina algún contenido que no te gusta. Puede que el algoritmo muestre cosas que a tus hijos no les interesan, pero seguro que esta circunstancia te sirve para hablar con ellos.

- **Cuentas que podrían interesarte.** Además de las cuentas a las que ya siguen, muchas aplicaciones recomiendan cuentas interesantes que podrías seguir. Este apartado también puede servir para encontrar intereses de nuestros hijos que quizá no conocíamos.

- **Compartir contenidos en familia.** Finalmente, te recomendamos que compartáis contenidos ajenos en familia, para ver qué les gustaría a tus hijos que vieras. Si algún contenido no te parece adecuado, coméntaselo. Y si algún contenido te parece especialmente adecuado, aprovecha para fomentar en ellos una afición o una profundización en ese ámbito.

Pregunta 9.

¿Cómo conseguir que mis hijos tengan un hobby y se olviden de las pantallas?

RESPUESTA RÁPIDA:

Es habitual generar una división entre hobby y pantallas. El motivo principal reside en que entendemos que un hobby es algo bueno para el ser humano; algo que nos ayuda a descansar o a salir de nuestra rutina habitual. Y, al mismo tiempo, percibimos las pantallas como algo contrario a esto.

Hay que reconocer que pasar tiempo sin pantallas es fundamental, y que muchos hobbies pueden ayudar a nuestros hijos a conseguir esto en el campo del ocio. En cualquier caso, los hobbies pueden ser mixtos, pueden incluir actividad offline y online, y lo más relevante es que el hobby que más interese a nuestros hijos los ayude a crecer y a mejorar, así como a encontrar nuevos retos, esfuerzos y aspiraciones que los mantengan felices y los lleven a relacionarse con los demás.

RESPUESTA:

Los hobbies tienen una parte difícil: no sabemos cómo surgen. Resulta complejo establecer un plan que culmine en que a nuestro hijo le guste o le apetezca algo nuevo. Al mismo tiempo, hay una evidencia que todos hemos comprobado de primera mano: los hobbies no surgen de la nada en la mayoría de los casos. Puede que nuestro hijo, de repente, se interese apasionadamente por alguna afición que no entendemos de dónde procede; pero habitualmente sus gustos e intereses tienen que ver con su entorno social y con el tiempo que han dedicado a determinadas actividades.

El modo más directo y más eficaz de proponer hobbies y aficiones a nuestros hijos es pasar tiempo con ellos en torno a esa afición. Además, estar atentos a sus comentarios e inclinaciones también es un foco muy útil para impulsar los intereses que creamos que son buenos para ellos y apartarlos de los que consideremos que pueden perjudicarles.

LOS HOBBIES NO SON PARA TODA LA VIDA (O SÍ)

¿Recuerdas cuáles eran tus aficiones cuando eras pequeño? En la mayoría de los casos, los hobbies varían a lo largo del tiempo. Es habitual que algo que nos apasionaba a los diez años deje de tener interés cuando cumplimos catorce. Y en otras ocasiones, algunas pasiones e ilusiones duran toda la vida.

En el caso de los hobbies, como padres, no podemos pretender que nuestros hijos tengan exactamente los mismos que nosotros. O que tengan los que nosotros queramos. Por qué les apasionan algunas cosas y otras no les interesan en absoluto es una pregunta que nadie sabe contestar.

En los años que llevamos con el proyecto de Empantallados hemos recibido muchas veces preguntas concretas sobre aficiones concretas, por ejemplo: «¿Cómo puedo lograr que mi hijo se interese por la música?». Esta clase de preguntas tienen dos respuestas: una es que hay modos de acercarlos al mundo de la música para que descubran intereses y aspectos que puedan encajar con su personalidad, y otra es que puede que a tu hijo, simplemente, no le guste lo que crees que es bueno para él.

Dedicar mucho esfuerzo a inculcar en ellos una pasión concreta puede ser contraproducente; de hecho, suele ocurrir que nuestros hijos no sientan demasiado interés por lo que queremos que hagan específicamente. Un hobby es un lugar propio, que nos deja ser quienes queremos ser y expresarnos de un modo libre, saber más que otras personas, estar seguros, descansar y descubrir cosas nuevas o desarrollar habilidades que nos parecen impresionantes.

Por eso no podemos estandarizar los hobbies ni intentar que nuestros hijos tengan muchísimos o que se decanten por algunos específicos. Es mucho más interesante estar pendientes, escucharlos y ver qué les atrae para impulsar ese fuego inicial y convertirlo en una llama más grande. Si a tu hijo no le gusta la música, pregúntale por qué y qué le gusta más. Seguro que acabáis encontrando un ámbito en el que se siente cómodo y es capaz de hallar su pasión.

ENCONTRAR HOBBIES QUE AFECTEN A ÁMBITOS DISTINTOS DE LA VIDA

Siempre queremos lo que no tenemos. Es decir, es más fácil detectar lo que falta que lo que ya existe. En el caso de los hobbies, los padres tendemos a preocuparnos más por los aspectos que quedan en el aire. Por ejemplo, si nuestro hijo es bueno en los estudios y se relaciona de modo correcto con los demás, pero no se interesa por el deporte, quizá enfoquemos nuestra atención en ese ámbito en el que flojea. O, por el contrario, si es un buen deportista, pero le cuestan más las relaciones sociales, quizá nos fijemos en ese punto.

Hay un modo distinto de orientar nuestra mirada. En los hobbies puede estar la solución a los problemas que nos gustaría remediar o las conductas que nos gustaría fomentar. Por ejemplo, si nuestro hijo muestra una gran pasión por el deporte, pero le cuesta más socializar, podemos ayudarlo a que sea mejor compañero de equipo, a relacionarse con sus amigos después de los partidos, o descubrirle nuevas actividades deportivas que lo ayuden a socializar. Es más fácil partir de algo que los apasiona que intentar encontrar otro hobby nuevo.

En cambio, otro comentario habitual que recibimos es «mi hijo no tiene hobbies». Tampoco hay que preocuparse en exceso, sino prestar más atención a lo que sabemos sobre nuestros hijos. Todos tenemos intereses y pasiones que puede que aún no se hayan materializado en la actividad cotidiana. Por eso, conocer a nuestros hijos nos puede ayudar a fomentar el tiempo que dedican a lo que los apasiona. Si percibes que tus hijos no tienen hobbies, quizá tengas que esforzarte más por conocer sus intereses y gustos y aprovechar el tiempo que pasáis juntos para disfrutar esos intereses con ellos.

HOBBIES Y PERSONALIDAD: TODO NO ES PARA TODO EL MUNDO

Yo quería un hijo triatleta y me ha salido gamer. En este caso, por ejemplo, jugar a videojuegos es un hobby interesante que puede tener, incluso, aspiraciones muy altas, como las de ser jugador profesional en algún *e-sport* o videojuego competitivo. Si tus hijos tienen un hobby o un interés que crees que deja de lado algunos ámbitos importantes de su vida, te animamos a que no lo veas como algo negativo.

Cualquier hobby que ocupa más tiempo del adecuado constituye un problema, pero esto no sucede solo en el mundo digital. Si nuestros hijos dedican demasiado tiempo a cualquier cosa, pueden desequilibrar los distintos aspectos de su vida. Nuestro consejo es que intentes que mejoren en el resto de los ámbitos precisamente para poder disfrutar más de su hobby.

En el caso de los gamers profesionales, por ejemplo, todos cuentan con una preparación física y han tenido que cumplir con otras obligaciones para llegar a estar donde están. Muy pocos jugadores profesionales de videojuegos han llegado a lo más alto sin tener un equilibrio en su vida. Incluso en este caso, hay contenidos en los que los propios jugadores explican lo que es necesario para llegar a ser profesional, haciendo hincapié en la necesidad de tener salud física y mental y de desarrollarte en otros aspectos de la vida.

Ayudarlos a encontrar referentes adecuados en su hobby puede ser otro camino muy interesante. No todos los jugadores profesionales son iguales, ni todas las cantantes, ni todas las atletas. Por eso, los hobbies pueden servir para equilibrar el resto de los ámbitos de la vida. En vez de verlos como un enemigo, pueden ser el punto de partida.

> Los hobbies son una gran oportunidad para educar a nuestros hijos en el realismo. Ayudarlos a descubrir lo que se les da bien, lo que va mejor con ellos, lo que tiene más que ver con su personalidad. Y a entender sus limitaciones, el papel que debe ocupar el éxito en la vida, etc.

Si nuestros hijos aprenden, a través de un hobby, que es tan importante disfrutar del camino como de la meta, ya habremos conseguido un gran aprendizaje para toda la vida. En este sentido, encontrar modelos cercanos que les hablen de estos mensajes puede ser muy interesante.

Pregunta 10.

Tengo una hija que quiere ser influencer, ¿qué hago?

RESPUESTA RÁPIDA:

Querer ser influencer no significa siempre lo mismo. Te recomendamos que indagues en qué les atrae a tus hijos e hijas. A veces, lo que buscan en el hecho de ser influencer no es especialmente nuevo: fama, popularidad, poder, influencia, etc. En otras ocasiones, puede que solo quieran ser como las personas a las que admiran.

En cualquiera de los casos, si tus hijos te dicen alguna vez «quiero ser influencer», acabas de encontrar un campo de conversación maravilloso en el que descubrirás qué les mueve, qué les apasiona y qué tienen en la cabeza. Aprovechar esta oportunidad para que pongan más pasión en lo que les gusta y para explicarles que un like o el número de seguidores no dicen nada sobre ti puede ser fundamental.

«Mamá, papá, lo he decidido: quiero ser influencer». Si en casa se ha planteado este tema o has escuchado algún comentario similar por parte de tus hijos, no tienes mucho de lo que preocuparte. Haciendo un poco de memoria, ¿quién no ha soñado con ser como sus ídolos? Cuando teníamos diez años, quizá después de ver una película en la que el policía acaba rescatando a toda la ciudad, creímos haber dado con una profesión clara a la que dedicarnos.

Esto mismo sucede con nuestros hijos. Antes decíamos quiero ser cantante, modelo, actriz, jugador de fútbol. Pero ahora tus hijos se relacionan con las estrellas viendo su muro de Instagram, teniendo, de hecho, la sensación de que son más cercanos a ellos que algunos familiares y amigos.

Es normal que en esta etapa de su vida quieran parecerse a ellos e incluso imitar sus trayectorias. En este punto, explicar a nuestros hijos algunos conceptos puede ayudarnos a mejorar su modo de entender el futuro y de proyectar sus pasiones y sus aspiraciones profesionales y personales.

LOS NÚMEROS NO SON IMPORTANTES

Hemos hablado con bastantes influencers desde que surgió el proyecto de Empantallados. Si hay algo en lo que todos están de acuerdo es en recordar que convertirse en influencer no es rápido ni previsible. Es muy improbable que alguien consiga ser influencer de un día para otro y sin aportar algo. Lo más habitual es ganar popularidad a través de un tema que se te da especialmente bien; o a través de tu carisma o tu personalidad.

El mensaje que muchos influencers lanzan a su comunidad cuando les manifiesta de modo repetido que quiere ser como ellos es sencillo:

no se trata de un camino de rosas, requiere mucho sacrificio y esfuerzo y al llegar a ser influencer lo más importante es no olvidar de dónde vienes ni quién eres.

A veces puede resultarte incluso más sencillo que sean ellos, los influencers, quienes les expliquen todo esto a tus hijos. Hay bastantes vídeos y clips de vídeo en los que muchos influencers desarrollan esta idea.

En cualquier caso, detrás de la búsqueda de la popularidad se pueden esconder numerosos temas relevantes. El número de seguidores no significa nada, y este dato es esencial transmitírselo para que no se creen complejos ni frustraciones antes de tiempo.

Los seguidores llegan cuando el contenido es bueno y cuando —esto es muy importante— dichos seguidores existen. A veces, simplemente nos gustan cosas que no le gustan a todo el mundo o que gustan a una minoría. Y nuestro número de seguidores será pequeño. Pero una comunidad pequeña puede ser nuestra comunidad perfecta.

PARA QUÉ, POR QUÉ

¿Qué es lo que te gusta de tus influencers preferidos? Esta pregunta sirve para detectar aficiones, pasiones, búsquedas y metas que nuestros hijos tienen en la cabeza. Si descubres que les apasiona algo en concreto como la moda, el maquillaje, cantar, tocar algún instrumento, actuar, editar y producir vídeos, etc., ser influencer puede convertirse en la excusa perfecta para profundizar en esos campos.

En cambio, si detectas otros motivos que te gusten menos y que puedan afectar negativamente a su autoestima o a la percepción que tienen de sí mismos, estás en el momento ideal para educarlos en la necesidad de tener una personalidad fuerte, de ser ellos mismos y de fomentar el criterio personal.

Encontrar nuevos influencers o compartir la historia de personas que llegaron a serlo y no fueron tan felices como esperaban puede suponer un buen punto de inicio. Y estas historias se encuentran en muchos sitios, no solo en internet. Descubrir películas clásicas o modernas que traten los temas relevantes, series o incluso vídeos de YouTube puede ser el mejor modo de hablar de temas profundos adaptados a su edad.

No se trata de transmitirles que ser influencer sea algo malo, sino de dejarles claro que no lo es todo en la vida.

La fama, el éxito o la popularidad no pueden ser metas en sí mismas porque no dependen de nosotros del todo.

Es cierto que se puede trabajar y mejorar para llegar a más personas, pero es más realista centrar sus aspiraciones en metas que puedan trabajar y que dependan de su esfuerzo de un modo más directo.

ESTEREOTIPOS: QUÉ ES REALIDAD Y QUÉ ES FICCIÓN

En nuestra segunda temporada de pódcast pudimos entrevistar a Berta Bernad, que cerró su cuenta de Instagram cuando ya contaba con una comunidad muy amplia de seguidores y las principales marcas recurrían a ella para campañas y acciones de todo tipo. Berta nos contó la presión que vivía en su día a día y el punto de inflexión que supuso para ella tener que mostrar su intimidad o su vida por causa de acciones promocionales.

Nuestros hijos tienen que saber que no todo lo que pasa en la vida de un influencer es espontáneo y real, sino que detrás de las publicaciones se esconden personas exactamente como nosotros, con sus cosas buenas y malas y sus frustraciones.[10] Cada vez es más difícil leer entre líneas y descubrir qué es genuino y qué está perfectamente orquestado mediante una acción de marketing.

Las publicaciones que vemos online carecen de contexto y no lo muestran todo. Por eso, no podemos decir que conocemos a una persona por el mero hecho de revisar por completo su muro de publicaciones. A partir de aquí, es esencial que expliquemos a nuestros hijos cuál es la importancia de la autenticidad.

En muchas ocasiones, ser influencer se convierte en publicar contenidos alejados de la realidad, que no muestran la vida que tenemos sino la que nos gustaría tener. Esta distinción entre lo real y lo que publicamos acaba derivando en complejos físicos o complejos sobre la vida que llevamos, situaciones en las que la realidad se vuelve demasiado difícil como para vivirla del modo en que queremos. Es imposible pasar veinticuatro horas cumpliendo con las exigencias de un timeline impoluto.

No siempre vamos a estar guapísimos o guapísimas para una foto ni todos nuestros días van a incluir un desayuno perfecto con la primera luz de la mañana. Por eso es fundamental entender que detrás de una sencilla foto puede haber bastantes horas de planificación, para no exigirnos en el día a día lo que vemos en cuentas de Instagram o TikTok.

---

10. Hay documentales que reflejan la trastienda de la vida de algunos influencers: *Influencers: el oficio de gustar* (Cuatro, 2017); *De profesión influencer* (Amazon Prime, 2020); *María y Tomás: en lo profesional y en lo humano* (Amazon Prime, 2022).

Esta necesidad de autenticidad afecta a numerosos campos, desde la ropa que llevamos hasta el lenguaje que utilizamos, las cosas que queremos comprar, nuestras necesidades, el autoconcepto sobre nuestro cuerpo, etc. Y en gran medida, estos aspectos también son relevantes para nuestros hijos conforme van creciendo.

No te asustes si quieren ser influencers; desde nuestro punto de vista esta oportunidad puede aprovecharse para descubrirles la necesidad de convertirse en personas auténticas en una sociedad que cada vez vive más para la imagen. Y ser auténtico pasa por esforzarse, por encarnar nuestra mejor versión, por ser cultos, por ser capaces de entender del mejor modo posible el mundo que nos rodea.

¡Te puede ayudar escuchar con tu hija la entrevista en pódcast a Berta Bernad!

 Recurso disponible en **empantallados.com/libro**

Tengo un hijo que quiere ser gamer profesional, ¿qué hago?

RESPUESTA RÁPIDA:

Según lo familiarizados que estéis en casa con el mundo de los videojuegos, esta aspiración puede ser algo rarísimo o absolutamente normal. A continuación, exponemos dos datos relevantes que pueden servirte para establecer un contexto inicial desde el que valorar sus aspiraciones:

- Los eventos de *e-sports* (deportes electrónicos o videojuegos online) suman un número de espectadores que recuerdan a otros como la final de la Champions o la de la SuperBowl en Estados Unidos. La final de 2021 del juego más seguido del mundo (*League of Legends*) contó con setenta y tres millones de espectadores, por ejemplo.

- Los jugadores profesionales de *e-sports* cobran salarios bastante altos que se incrementan año tras año por el interés de marcas y patrocinadores y por la profesionalización del sector. Algunos de los jugadores más famosos cobran millones de euros al año por su trabajo.[11]

RESPUESTA:

Todos hemos querido tener mansiones, coches, nuestras zapatillas preferidas o la posibilidad de viajar a ese sitio que nos encanta. Ahora mismo, tus hijos ven que las personas que más admiran (gamers que consiguen metas que para ellos parecen dificilísimas) poseen todo eso y que lo han conseguido, precisamente, haciendo lo que más les gusta: competir en un videojuego online.

Es evidente que estas aspiraciones no son nuevas, todos hemos querido jugar al fútbol como nuestros jugadores preferidos, o ser las mejores tenistas del mundo, o conseguir ganar una competición de patinaje sobre hielo, de skateboard... Y nuestros hijos, si son aficionados a los videojuegos, quieren ser los mejores. Por supuesto.

GAMING Y DEPORTES

Hay un debate difícil de resolver: ¿es lo mismo querer ser jugador profesional de videojuegos que futbolista profesional? Desde nuestro punto de vista, la respuesta a esta pregunta depende de muchos factores que nos impiden dar una visión generalizada.

---

11. Puede serte de utilidad ver el documental *Not a Game* (Netflix, 2020).

Pero hay algo más importante que la respuesta a esta pregunta. Los problemas que pueden surgir en los dos contextos tienen la misma causa: un desequilibrio. Tan malo es dedicar muchas horas a los videojuegos como dedicar muchas horas al deporte. Es absolutamente relevante que cada actividad se compagine con otros aspectos que también son importantes para nuestra vida.

Por resumirlo, dedicar diez horas al día a jugar al fútbol puede convertirse en algo malo y dedicar diez horas al día a jugar a videojuegos también. Por eso, creemos que el concepto clave que hay que transmitir cuando nuestros hijos quieren alcanzar una meta como esta es simple: la disciplina.

Nadie llega a ser el mejor en algo sin tener un equilibrio en su vida. Hay numerosos ejemplos de deportistas, personas que compiten en una élite en cualquier campo y personas que han tenido éxito en otros ámbitos como la empresa, la política, etc., que coinciden en la necesidad de tener disciplina, autoexigencia y constancia. Por eso, un cauce que podemos dar a la aspiración de nuestros hijos es pedirles que se esfuercen por conseguir lo que desean a partir de las normas de uso que hayamos puesto en casa.

Un ejemplo muy sencillo: en casa no se juega a videojuegos de lunes a viernes, sino solo los fines de semana. Si habéis decidido adoptar esta medida, es esencial que vuestros hijos entiendan que ese es el espacio en el que podrán mejorar como jugadores. El hecho de que quieran ser jugadores profesionales no debe afectar al plan digital que tengáis en casa.

También es relevante que entiendas lo que los apasiona a la hora de crear un Plan Digital Familiar. En consecuencia, imagina que en vez de prohibir los videojuegos de lunes a viernes, estableces dos días de la semana en los que su actividad extraescolar o su entrenamiento sea precisamente un videojuego. Quizá esto resulte más útil para conseguir que jueguen menos los fines de semana y que sean más conscientes de lo que están haciendo en cada momento.

Si pactamos con ellos que además de los videojuegos es relevante la actividad física, una idea podría ser tener dos días de entrenamiento físico (en cualquier deporte que les guste) y otros dos días en los que pueden jugar a videojuegos durante el mismo tiempo (una hora o una hora y media, por ejemplo).

SER JUGADOR PROFESIONAL, ¿QUÉ HAY DETRÁS?

En muchos equipos de *e-sports* profesionales, cada vez es más frecuente contar con un preparador físico, con un equipo de psicólogos/coaches, con personas enfocadas en la estrategia en ese juego, etc. El motivo es que al profesionalizarse el sector también se tienen en cuenta los aspectos de la vida que afectan al rendimiento deportivo más allá de la práctica.

En el caso de los videojuegos, hay una relación determinante entre la estabilidad emocional o la salud mental y el desempeño de los jugadores. Muchos jugadores profesionales hablan de la necesidad de cuidar el resto de los aspectos de la vida para poder rendir en los videojuegos. Te aconsejamos que busques los nombres de los jugadores preferidos de tus hijos y que veas si en alguna entrevista o vídeo hablan, precisamente, de esta necesidad.

También es fundamental, para gestionar las expectativas y las posibles frustraciones, explicar a nuestros hijos que lo relevante es disfrutar del camino.

Muy pocos jugadores de fútbol llegan a ser profesionales y muchos menos acaban en las primeras divisiones, y esto mismo sucede con los jugadores profesionales de videojuegos.

Si no aprenden a disfrutar de esa actividad por sí misma y a verla como un aspecto más de su vida, puede que acaben obsesionándose solo con un ámbito y perdiendo el foco sobre el resto.

NO UTILICES LOS VIDEOJUEGOS COMO UN PREMIO O UN CASTIGO
Es habitual que nos preocupemos por el mundo de los videojuegos cuando afectan al rendimiento académico de nuestros hijos o al modo de relacionarse con el resto de los miembros de la familia. En este punto, efectivamente, resulta básico establecer medidas más radicales, como prohibir los videojuegos durante un tiempo o ser más estrictos, para volver a la normalidad.

Pero mucho antes de que se presenten problemas, creemos que es necesario que nuestros hijos entiendan los videojuegos o el ocio digital en general como un aspecto más de su vida. Cuando las pantallas se convierten en premio o castigo, cualquier conversación en torno a ellas pasa a ser lo mismo: una bronca o un premio.

Una relación saludable con los videojuegos puede incluso uniros como familia, si aprendéis a jugar juntos o si aprendéis a ver partidos juntos. Pídeles a tus hijos que te expliquen cómo funcionan los videojuegos que más les gustan y dedica un poco de tiempo a estar con ellos. Te prometemos que acabarás disfrutándolo y que habréis encontrado un contexto más en el que pasar tiempo juntos.

LOS PROFESIONALES TIENEN UN HORARIO Y NORMAS

Cualquier profesión cuenta con un horario, con unas normas y con un plan de carrera. Si tus hijos quieren ser profesionales, ha llegado el momento de establecer un horario claro y compartido. Para poder jugar a videojuegos de modo profesional hay que cumplir también con el resto de las obligaciones. Nadie se imagina a su ídolo levantándose tarde por la mañana ni dejando las tareas del colegio para el día siguiente.

Por eso, aprovecha para que tus hijos ganen en autonomía a raíz de su pasión, en vez de establecer una barrera entre lo que les gusta y lo que deben hacer. Estudiar sirve para jugar mejor, jugar mejor sirve para estudiar, tener amigos ayuda a mejorar en los dos aspectos, tener salud física hace que todo lo demás funcione mejor, etc. En este equilibrio, el gaming se convertirá en un aliado y, quién sabe, quizá en una profesión. Pero hay algo que sí es seguro: con equilibrio, el camino se disfruta más.

Pregunta 12.

¿Cómo sobrevivir al grupo de WhatsApp de la clase de mi hijo/a?

RESPUESTA RÁPIDA:

Hasta ahora, todas las preguntas han tenido que ver con tus hijos. Pero hay una última que no podemos dejar de lado. ¿Cómo sobrevivimos nosotros al grupo de WhatsApp de su clase? En una frase: desactiva las notificaciones. En dos frases: desactiva las notificaciones y ayuda a los demás a entender el sentido del grupo.

RESPUESTA:

Hay una paradoja curiosa en el campo de internet. En muchas ocasiones, la accesibilidad nos facilita mucho la vida, dándonos información relevante de un modo rápido y directo. Y en otras ocasiones, la accesibilidad hace que la información se convierta en una piedra que nos aplasta, ya sea por volumen o por la mezcla entre información relevante e irrelevante.

Los grupos de WhatsApp, en general, son un canal abierto permanentemente en el que se reflejan los distintos estados de ánimo, preocupaciones e intenciones de todos sus miembros. De forma simultánea. Además, en el texto escrito faltan muchos datos de contexto (qué cara pone, qué tono utiliza, a quién se lo dice, etc.) que pueden complicar bastante la emisión y recepción de información.

Muchos padres y madres nos encontramos abrumados por la cantidad de información y de sucesos que tienen lugar en el grupo de WhatsApp con el resto de los padres del colegio. Los sentimientos habituales en torno a estos grupos son diversos, pero suelen incluir valoraciones personales. O nos sentimos malos padres/madres por no estar al día o tenemos la impresión de que otros padres/madres no prestan la suficiente atención.

PARA QUÉ ES ESTE GRUPO

Algo que evita muchos problemas es tener claro para qué se ha creado un grupo. En el caso de los grupos de padres y madres, muchas veces falta este «para qué» y acabamos convirtiéndolo en un foro de debate, que va desde necesidades básicas como recordar cuál era el día de excursión... hasta discusiones políticas apasionadas a partir de noticias reenviadas.

Puede ser muy útil incluir en la descripción del grupo qué temas están permitidos y cuáles no, para poder reenviar esa información cuando el grupo pase a estar en un lugar que no le corresponde.

LAS NOTIFICACIONES

Ya lo hemos comentado anteriormente, pero debes hacerte una pregunta: ¿cuál es mi relación con las pantallas? En general, te recomendamos analizar los sentimientos que te producen las pantallas para detectar si tienes que cambiar algo. Sentirte habitualmente abrumado o abrumada, con una incapacidad para llegar a todo, etc., suelen ser signos de un uso inadecuado. Entre otras medidas, desactivar las notificaciones durante un tiempo o para siempre puede ayudarte a darte cuenta de si miras demasiadas veces el móvil o si no eres capaz de estar un rato sin recibir ningún input externo.

Es habitual experimentar una sensación de soledad o de abstinencia cuando desactivamos las notificaciones. Pero tenemos una buena noticia: después de desactivar las notificaciones comprenderás que no es para tanto. Ni le haces tanta falta al mundo ni el mundo tiene derecho a reclamarte cada treinta segundos.

En los grupos de WhatsApp de la clase de tus hijos puede suceder lo mismo. Quizá tengas la sensación de saber exactamente todo en todo momento. Y quizá, también, solo haga falta que consultes el grupo de vez en cuando. En definitiva, decide tú cuándo puedes consumir información, en vez de dejar que sea la información la que te persiga.

EL EJEMPLO COMO HERRAMIENTA

Probablemente no consigas cambiar el comportamiento que no te gusta en otros padres y madres, pero sí puedes empezar el cambio aplicándote las normas que te parezcan oportunas para ese grupo. Si alguien comparte de forma habitual contenido que carece de sentido en el canal de un grupo, simplemente ignóralo. Cuando nadie contesta a algo que no tiene sentido, el mensaje de «este contenido no tocaba en este canal» se percibe de un modo mucho más claro que a través de la confrontación directa.

Además, si sientes que el grupo simplemente no es para ti, intenta ponerte de acuerdo con otros padres o madres para establecer un canal paralelo o para llamar por teléfono cuando surjan dudas o cuando te falte algo de información. Para transmitir avisos, a veces son mejores las listas de difusión de WhatsApp o el correo electrónico.

No estar en un grupo no significa dejar de formar parte de una comunidad. Del mismo modo, estar en un grupo no te hace parte de nada. Las relaciones utilizan también los medios digitales, pero no las agotan.

Te pueden ayudar estos siete sencillos consejos, que puedes compartir al inicio de curso con tu grupo de clase:

1. En la medida de lo posible, solo información del colegio.
2. No sigas una conversación de crítica, córtala.
3. ¿Hay algún problema en el cole? Siempre es mejor hablar en persona.
4. Evita resolver en el chat los deberes de tu hijo o cosas de las que tendría que encargarse él. Así aprenderá a ser responsable y autónomo.
5. Procura no escribir a horas inadecuadas, y no esperes que te contesten inmediatamente.
6. Piensa bien lo que quieres decir antes de escribir: a veces las palabras escritas pueden malinterpretarse.
7. Contesta solo si tu respuesta aporta algo al grupo. Si no interesa a todos, escribe un chat privado.

 Recurso disponible en **empantallados.com/libro**

Si todavía sientes que tu grupo de WhatsApp de padres y madres no está tan mal, enhorabuena: eres una de las personas más privilegiadas del planeta. Ojalá lo sigas siendo para siempre ☺.

CUARTA PARTE

El futuro profesional de tus hijos y la tecnología

En esta parte hablaremos de cómo ayudar a tus hijos a prepararse hoy para destacar en su entorno profesional, a pesar de que quizá aún no se haya inventado su puesto de trabajo. También abordaremos cómo afrontar el miedo a educar en un contexto incierto.

#9

Aprender a aprender en un contexto líquido

Somos muchos los padres y las madres que observamos todos los días cómo cambia el mercado laboral y también nuestra relación con el trabajo. Cada vez vivimos en contextos más volátiles que nos obligan a estar al día, formarnos y adquirir nuevos conocimientos y aptitudes, en los que la tecnología tiene un papel protagonista.

La vida profesional constituye un reto que nos preocupa al pensar en nuestros hijos porque nosotros también afrontamos desafíos sin cesar. Hemos pasado de un escenario en el que el trabajo duraba prácticamente toda la vida, a uno muy distinto en el que la rotación entre empresas, la necesidad de nuevos conocimientos y el modo de afrontar las tareas son completamente distintos a como lo vivieron nuestros padres.

Además, la estabilidad y la remuneración no son las únicas variables en el trabajo. Existe una necesidad en nosotros de trabajar en aquello que nos gusta, que nos apetece, que nos hace crecer y nos plantea nuevos retos. Encontrar la vocación profesional es una tarea que surge poco a poco y que, en algunos casos, se despierta muy temprano. Hay niños que no cambian nunca su «de mayor quiero ser». Y hay otros que lo cambian cada dos días.

¿Cómo podemos acompañar a nuestros hijos al pensar en su futuro? Nuestra labor puede centrarse en hacerlos conscientes de cuáles son sus talentos, qué se les da bien y cómo pueden sacar el máximo provecho a lo que los apasiona.

En este aspecto, es aconsejable que no proyectemos sobre ellos nuestros deseos personales. Por ejemplo, aunque nos parezca que una profesión relacionada con el mundo de la medicina es preciosa y puede darles estabilidad y felicidad, si ellos no tienen ninguna relación de carácter, aptitudes, gustos o sensibilidad con ese entorno, debemos aprender a dejarlos volar un poco, para encontrar su propio camino.

Al mismo tiempo, hay algunos caminos que no son fáciles de entender y que pueden estar completamente condicionados por distintos aspectos contextuales. En estos últimos años, muchas nuevas profesiones se han convertido en el anhelo profesional de nuestros hijos. Desde youtubers hasta influencers, pasando por gamers profesionales, creadores de contenido y *casters* (comentaristas de *e-sports*). Es normal que nuestros hijos quieran parecerse a sus ídolos, pero como muchos de estos nuevos profesionales explican, conseguir ganarse la vida con ello no es un camino sencillo. No existe una carrera que te enseñe a montar un canal propio en YouTube y tener éxito, del mismo modo que nadie puede asegurar una estabilidad profesional ni personal en estos ámbitos.

LA PREGUNTA MÁS RELEVANTE

¿En qué va a trabajar mi hijo? Esta es solo la primera pregunta. Imagínate que ya lo supiésemos de sobra: nuestra hija mayor va a ser astronauta. Perfecto, pero ¿ahora qué? ¿Realmente hemos solucionado algo? Es probable que no. Tener clara la vocación profesional simplemente hace más evidente el camino que tenemos que recorrer para llegar allí, pero en muchas ocasiones nos damos cuenta después de un tiempo de que no es lo nuestro.

Sin embargo, es recomendable en estas etapas ayudar a tus hijos a descubrir qué es lo que más les gusta, qué se les da bien. Evidentemente, en el colegio tendremos que promover que se esfuercen por entender todas las asignaturas y que den lo mejor de sí mismos en los estudios. Pero quizá alguna materia o algún creador de contenido genere un chispazo de inspiración que nos lleve a acompañarlos en el desarrollo de un talento que puede convertirse en parte de su profesión.

Además, en este punto, la cuestión más relevante es ayudar a nuestros hijos a plantearse lo siguiente: ¿quién quiero ser? Cuando tenemos claro quiénes somos, quién nos quiere, con quién podemos contar y qué es lo que nos mueve a hacer las cosas, la vocación profesional pasa a estar en el lugar adecuado.

Nuestro trabajo actual no nos define y puede cambiar en el tiempo, pero nosotros seguimos siendo los mismos y tenemos la capacidad de elegir entre hacer cosas que nos lleven a crecer, a ser mejores personas y a pensar en los demás con una mirada generosa, buscando el impacto social; o quizá enfocarnos solo en algunos de los aspectos de la vida, como pueden ser el éxito profesional y el dinero; o encerrarnos en nosotros mismos, buscar solo nuestro interés y aislarnos.

REDEFINIENDO EL SENTIDO DEL ÉXITO

Creemos que hay una enseñanza importante que puede surgir en torno a la conversación sobre una profesión futura con nuestros hijos. En muchos casos, sus grandes ídolos son creadores de contenido que cuentan con números estratosféricos. Estos números pueden referirse a su dinero, sus seguidores, sus hazañas personales, etc. En la admiración hacia esas personas puede haber muchas cuestiones relevantes: anhelo de fama, poder, dinero, posibilidades, planes, envidias relacionadas con el físico, la popularidad... Obviamente, todos hemos añorado ser ricos y famosos en la adolescencia, y todos, de algún modo, tendemos a compararnos con otras personas, incluso siendo ya adultos.

Muchas personas exitosas, famosas, poderosas, etc., hacen reflexiones en torno a qué significa realmente el éxito. No vamos a profundizar en esta cuestión porque no se trata del tema principal de este libro, pero es esencial que nuestros hijos entiendan cuanto antes que el éxito en la vida no es una variable externa que puede conseguirse o no.

Tener éxito es aprender a vivir bien. Tener un plan y llevarlo a cabo. Sentirse querido. Aprender a ver en los demás a alguien con quien podemos convivir y a quien podemos hacer crecer. En cambio, tener éxito no es conseguir números de ningún tipo. Esta cuestión es especialmente relevante porque muchas de las grandes frustraciones de nuestros hijos pueden estar relacionadas con el éxito en internet.

Aprender cuando somos pequeños a no compararse y a saber lo que de verdad es importante en la vida supone un avance que nos acompañará siempre.

Para aquellos de tus hijos que dicen que no saben qué hacer con su vida y que solo quieren tener éxito, puede resultar de utilidad ver con ellos el vídeo *El camino del éxito* de Luzu, un famoso youtuber que plantea la siguiente pregunta: «¿Qué es lo que te apasiona?».

Asimismo, la entrevista a Luzu en el pódcast de Empantallados te puede ayudar a ti a conocer más el mundo de los creadores de contenido.

 Recurso disponible en **empantallados.com/libro**

APRENDER A APRENDER

Lo más difícil de nuestro tiempo es que no sabemos para qué deberemos estar preparados. El avance tecnológico es exponencial y nos supera cada vez más; por eso tantas compañías están haciéndose preguntas sobre qué capacidades y actitudes esperan de sus empleados.

Muchas empresas han comenzado a hablar del aprendizaje continuo y valoran en los trabajadores capacidades que no son exactamente curriculares. Entre otras, el trabajo en equipo, la empatía, la capacidad de escucha, la creatividad, la facultad de mantenerse fuerte frente a las adversidades, etc.

Hay retos que son propios del ser humano y no han cambiado mucho a lo largo de la historia de la humanidad. Pero quizá, en una sociedad más tecnológica o que se mueve más rápido, los valores que nos hacen seguir siendo quienes somos son más relevantes que nunca. Muchas personas sabrán programar dentro de treinta años, pero no tantas serán capaces de crear, de escuchar a sus compañeros de trabajo y de establecer un clima laboral favorable para todos. Y, sin duda, estos puntos nunca aparecerán en el currículum, pero son mucho más importantes que cualquier línea del mismo.

En este sentido, la proactividad, la constancia y la determinación por conseguir un propósito son hábitos que convertirán a nuestros hijos en personas que destaquen en un contexto volátil. Es fundamental saber y, también, saber qué no sabemos. Estar dispuestos a aprender algo nuevo y ponerse manos a la obra cuanto antes, sin pararnos a pensar mucho en si ya deberíamos conocer cualquier cosa. La gestión de la frustración y el conocimiento de los propios límites y habilidades facilitarán que nuestros hijos sobresalgan en cualquier ambiente en el que se muevan.

#10

Las máquinas
y los algoritmos:
¿nos pueden sustituir?

La respuesta es sencilla: no.

Ninguna máquina puede sustituir a un ser humano. Puede que las máquinas agilicen procesos, que sean capaces de realizar operaciones rutinarias, cálculos, o incluso de hablar más rápido que nosotros, o de un modo más preciso. Pero los seres humanos somos sociales, necesitamos a los demás. En este sentido, lo que sí parece que va a cambiar y ya lo está haciendo a toda velocidad es cómo se producirán las relaciones en los próximos años.

La pandemia ha sido un punto de inflexión y estamos procesando todavía algunos cambios en nuestro estilo de vida. Desde el teletrabajo hasta el papel de una relación digital (videollamadas con nuestros familiares, equipos de trabajo que no han llegado a conocerse en persona, empresas sin sede física, comercio electrónico…), estamos viviendo una transformación mundial sobre cómo nos comunicamos y cómo interactuamos entre nosotros.

Sobre este tema hay opiniones muy diversas. Algunas personas defienden que una conversación cara a cara es insustituible por el entorno digital, otras que las relaciones digitales nos abren las puertas a conocer a muchas más personas. Con el paso del tiempo surgirán más estudios y tendremos más experiencia sobre esto, pero si hay algo claro es que nuestra necesidad de relacionarnos no va a desaparecer nunca, ni siquiera si tenemos que quedarnos encerrados unos meses en casa.

LO QUE ESCAPA AL ALGORITMO
En este contexto existen algunas cuestiones puramente humanas que escapan a cualquier algoritmo. Somos incapaces de explicar qué nos hace gracia y por qué, por qué algunas historias nos emocionan

y otras nos dejan indiferentes, cuándo nos apetece hacer algo y cuándo no. En el ser humano hay un conjunto de actuaciones imprevisibles que suceden de forma recurrente y que dicen mucho sobre nosotros.[12]

En estos puntos, una máquina no cuenta con el factor humano principal: la libertad. Somos libres y somos cambiantes, estamos abiertos a descubrir cosas nuevas, a conocer a personas nuevas y a afrontar nuevos retos, mezclando emociones como el miedo, la audacia, la pasión y la apatía. La tecnología facilita algunos aspectos de nuestra vida y genera nuevos retos que no conocíamos, pero, desde luego, no nos sustituye.

Un algoritmo puede llegar a conocernos tan bien que cualquier recomendación suya sobre libros, películas, música y contenido nos guste. Pero este hecho no nos predetermina. Incluso los contenidos que normalmente nos agradaban, acaban por aburrirnos. A veces necesitamos dedicar tiempo a indagar otras opciones lejos de los algoritmos: leer buenos libros que *a priori* no nos gustan tanto o descubrir nueva música también significa ampliar nuestros horizontes.

---

12. La periodista Marta García Aller reflexiona sobre estos dilemas y situaciones en su libro *Lo imprevisible: todo lo que la tecnología quiere y no puede controlar* (Barcelona, Planeta, 2020). La entrevistamos en nuestro pódcast, que puedes escuchar en el Spotify de Empantallados.

El truco de la libreta

Frecuentemente nuestros hijos recurren al móvil de modo inconsciente cuando no tienen nada que hacer, como en los trayectos en transporte público. Un truco que nos comentó una familia amiga de Empantallados es proponer a tus hijos un reto: llevar en un bolsillo el móvil y en el otro un cuaderno pequeño tipo Moleskine. Cada vez que tengan la tentación de utilizar el móvil, que opten por el cuaderno. Podrán utilizarlo como quieran: para escribir, para dibujar, para inventarse una historia, para escribir un diario, para dibujar un cómic... Un espacio para la creatividad que los hará desmarcarse de los algoritmos y que puede ser el inicio para descubrir qué se les da bien o qué les gusta.

DE LA NECESIDAD A LA CURIOSIDAD

Cuando vemos que cualquier buscador tiene más información de lo que nosotros seremos capaces de almacenar jamás, estudiar puede parecerles a tus hijos una insensatez. ¿Para qué queremos aprender o memorizar si solo tenemos que consultar en un buscador lo que necesitamos?

Muchos niños y niñas tienen esta percepción sobre distintas materias: no encuentran un sentido a su esfuerzo por aprender y se sienten desbordados por la masa ingente de contenidos disponibles en internet. Un ejercicio interesante, en edades tempranas, puede ser ayudarlos a enfocarse mucho en un tema. Hacerlos frikis de algo. Si descubres que tus hijos sienten curiosidad por algún aspecto en concreto, dedica tiempo junto a ellos a indagar, a saber más cosas sobre esa temática. El placer que produce descubrir algo que no conocíamos de antemano solo puede explicarse desde la experiencia, y no hace falta que ese conocimiento tenga una utilidad.

En algunos campos del conocimiento se ve mucho más claramente. Por ejemplo, saber cómo vivieron nuestros antepasados nos puede llevar a entender cosas del presente. Ayúdalos a ver esa conexión de algún modo. No es lo mismo estudiar Historia que estudiar la historia de un yacimiento en el que estuvimos de excursión el fin de semana pasado.

Cuando el mundo presente, lo que vivimos y nos gusta, se cruza con la posibilidad de conocer más, el estudio adquiere un sentido nuevo. Esta dinámica puede aplicarse a muchísimos aspectos: por ejemplo, entender la informática desde las matemáticas, entender la naturaleza desde la biología o la geología, etc. Si ayudas a tus hijos a adquirir contacto con el mundo real y a ser capaces de abstraer desde su experiencia, eso puede serles muy útil para despertar su interés por el estudio.

En este proceso, nosotros también podemos aprender mucho y, sin duda, pasaremos tiempo con nuestros hijos y acabaremos compartiendo gustos y aficiones.

#11

El metaverso
y los siguientes pasos
de la tecnología

En los últimos años, hemos escuchado muchas cosas sobre el metaverso. La historia que planteaba la película *Matrix* hace más de veinte años probablemente no nos ayuda a estar tranquilos cuando pensamos en un mundo dominado por lo digital.

El metaverso es un concepto difícil de resumir y no significa lo mismo en todos los casos. Podemos hablar de metaverso para referirnos a una realidad digital paralela que cuenta con sistemas propios, desde una organización económica hasta un conjunto de normas propias. En este sentido, en el futuro puede haber numerosos metaversos, liderados por empresas, organismos públicos o colectivos de personas muy distintos.

Hoy el metaverso que más conversaciones genera y del que todos estamos oyendo hablar es el que propone Facebook, que recientemente ha cambiado el nombre de todo su conjunto corporativo a Meta, haciendo referencia a esta realidad. El plan de Meta es crear a medio plazo un entorno digital en el que puedan establecerse relaciones sociales, comunidades de personas, etc., que tengan como base principal el entorno digital.

En los últimos años hemos tenido numerosas experiencias de metaverso, desde el teletrabajo hasta los videojuegos relacionados con realidad virtual. La teoría general del metaverso es experimentar un entorno digital inmersivo a través de unas gafas de realidad virtual que nos permiten comportarnos como avatares en distintos escenarios. Por ejemplo, imagina que tu puesto de trabajo tiene una sede en el metaverso y que todas las mañanas te levantas, te pones unas gafas de realidad virtual y entras en la oficina para tomarte un café con tus compañeros en un entorno completamente digital.

IMPLICACIONES DEL METAVERSO

El metaverso es un contexto nuevo que no hemos vivido y que se irá desarrollando poco a poco. El papel del metaverso no consiste en sustituir al mundo real; es insostenible pensar que podemos pasar todo el día en el metaverso. Lo más probable es que esta nueva realidad transforme cómo nos relacionamos en el entorno digital, al igual que las videollamadas enriquecieron las llamadas telefónicas.

Pero en este contexto, el metaverso ofrece una variable que no poseen el resto de los canales: la creación de un avatar. Un avatar es una representación digital de nosotros mismos que nos sustituye de algún modo en el nuevo entorno. Un avatar somos nosotros, pero al mismo tiempo nos permite ser otra persona. La experiencia relacionada con avatares no es una novedad: desde los primeros chats anónimos en internet, habitualmente nos movemos en entornos digitales en los que podemos decidir si publicamos lo que pensamos sobre una cuestión determinada o si nos interesa mantener una postura distinta.

El contexto digital se ha convertido en un nuevo mundo en el que podemos tomar decisiones morales, seguir siendo personas íntegras o no, decir la verdad o mentir, aprovecharnos de otra persona o ayudarla. Creemos que el futuro del contexto digital va a exigir aún más de nosotros, y también de nuestros hijos. Ser íntegro no se refiere solo a un entorno, o solo a uno de nuestros avatares. Es importante esforzarse por ser la misma persona en cualquier contexto, por preservar nuestra autenticidad más allá de los intereses, las circunstancias o la forma de relacionarnos con los demás.

El metaverso traerá sus propios debates y sus propias vicisitudes, pero, en cualquier caso, la necesidad de educación y el acompañamiento seguirán siendo lo más importante. Si somos capaces de transmitir a nuestros hijos el valor de la autenticidad y la autoestima, así como la necesidad de distinguir entre qué es verdad y qué no, qué debería afectarnos y qué no, etc., también ellos serán capaces de aplicarlo en el metaverso.

Al fin y al cabo, la educación digital no es más que un nuevo plano en el que podemos poner en práctica todo lo que nos hace ser quienes somos.

MIEDO AL FUTURO, INCERTIDUMBRE EN LA MATERNIDAD Y LA PATERNIDAD

Como última reflexión, creemos que es esencial hacer hincapié en la necesidad de redescubrir la importancia de educar sin miedo. Vamos a vivir años de cambios, de muchos retos y de necesidades que no podemos prever. Esto no es nuevo, cada siglo ha tenido sus problemas y nosotros disfrutamos de ventajas que no han existido nunca y también contamos con riesgos que nadie se podía imaginar hace cincuenta años.

El miedo es una actitud pesimista ante el futuro que nos paraliza, una herramienta de defensa que nuestro cuerpo establece ante lo nuevo, pero que también puede convertirse en un arma contra nosotros mismos.

No podemos afrontar la educación
de nuestros hijos desde el miedo,
porque el miedo no propone nada.

Perder el miedo al futuro pasa por
centrarse en lo que tenemos delante,
en intentar mejorar lo que está en
nuestra mano.

Nunca vamos a poder controlar a nuestros hijos hasta el punto de que no afronten ningún riesgo; ni siquiera somos capaces de asegurar su salud, física o psicológica.

Lo que sí está claro es que las principales enseñanzas que podemos darles en su crecimiento no son técnicas ni pueden medirse fácilmente. Quizá se nos olviden las tablas de multiplicar cuando nos hagamos mayores, pero nunca olvidamos los abrazos que nos daban nuestros padres cuando éramos pequeños, la conversación que nos cambió el modo de ver a los demás, la paciencia que tuvieron con algún defecto recurrente o su cercanía cada vez que les contábamos un problema.

Si te sientes incapaz de acompañar a tus hijos en algún entorno, recuerda que la compañía solo requiere una actitud por tu parte: la escucha. Solucionar un problema tiene a veces menos que ver con actuar que con prestar atención. En el entorno digital, estamos acostumbrados a escuchar a mucha gente, a leer lo que publican, a conocer la vida de otras personas, pero prestamos menos atención a lo que nos preocupa, dejamos poco espacio para valorar nuestra propia vida y escucharnos a nosotros mismos. Por eso, tu ejemplo puede hacer que tus hijos cambien su manera de ver el mundo. Y el primer paso es muy sencillo: hablar más con ellos, estar más con ellos.

Recapitulando, diez consejos que pueden ayudarte

A lo largo de estas páginas te hemos planteado multitud de reflexiones y recomendaciones. A modo de resumen y recordatorio, te pueden servir estos diez consejos.

1. **Adelántate.** La prevención es la clave del éxito. Proactividad. Visualiza cómo te gustaría que fuera la relación de tus hijos con las pantallas y pon en práctica lo que creas que contribuiría a ello. El Plan Digital Familiar puede ayudarte.

2. **Gana la batalla sin recurrir a la confrontación.** En vez de decirles NO, NO, NO..., crea actividades alternativas. Tómatelo como una carrera de fondo: cambiar los hábitos nunca fue fácil.

3. **Las pantallas pueden ser un gran aliado,** lo importante es utilizarlas con una finalidad, delimitar cuándo y para qué usarlas.

4. **Más que el tiempo de pantalla, piensa qué están dejando de hacer tus hijos.** Eso te llevará a diagnosticar si hay un uso equilibrado de las pantallas. Y no dejes que estas interrumpan las horas de sueño (haz que el móvil se quede fuera de la habitación).

5. **Ábreles nuevos horizontes.** Los niños del «todo ya» necesitan cultivar su paciencia con actividades que requieran metas en el corto, medio y largo plazo (deporte, tocar un instrumento, leer, etc.), y a ser posible que los hagan salir de su mundo (tareas de ayuda a los demás adaptadas a su edad, voluntariado...).

6. **Una sana autoestima es uno de los mejores regalos que puedes hacer a tus hijos.** Está muy vinculado a la felicidad imperfecta (saber que no siempre se puede tener todo; disfrutar y ser agradecidos, y huir de las comparaciones, que siempre fueron odiosas y que hacen mucho daño).

7. **Escribe en un papel qué cosas te gustaría dejarles en herencia:** de qué temas te gustaría hablarles, y que no fuesen otros los que primero les diesen su versión de los hechos: amor y sexualidad, la importancia de trabajar bien, respeto a los demás, dónde recargar las pilas y encontrar la paz en la vorágine cotidiana...

8. **Hacer un uso saludable de las pantallas supone un reto para todos, a todas las edades.** Por eso nos gustaría que compartieras lo que te funciona con el hashtag #empantallados. Así todos aprenderemos.

9. **Lidera con el ejemplo:** identifica tus ladrones de tiempo, y que las pantallas no te secuestren la mirada.

10. **Párate, piensa, pide ayuda y vuelve a empezar.** Nada hay definitivo en esta vida, así que ¡no desesperes!

 Recurso disponible en **empantallados.com/libro**

Agradecimientos

Queremos hacer constar nuestro agradecimiento a todos aquellos que estuvieron desde el principio, nos apoyaron y vieron nacer Empantallados. Muy especialmente a Fomento de Centros de Enseñanza, la institución educativa que quiso apoyar esta iniciativa, no solo para los padres de los alumnos de sus colegios, sino para todos aquellos que lo pudieran necesitar, creando así un proyecto abierto a todos. Damos las gracias a su Consejo de Administración y a su director general, Joan Curcó.

Gracias a todos con los que hemos podido contar desde hace más de cinco años: Charo Sádaba, Gustavo Entrala, Fernando Alberca, Paloma Blanc, Pía García Simón, María Zalbidea, María Zabala y Rafa Martín Aguado, entre otros.

También a Incibe (Instituto Nacional de Ciberseguridad), que quiso que formáramos parte del consorcio público-privado europeo del centro de internet seguro de España, junto a otras entidades de la sociedad civil, con el soporte de la Comisión Europea.

A GAD3, a su presidente Narciso Michavila y a su valioso equipo, por ayudarnos a poner en cifras esta realidad social tan cambiante, a través de las diferentes ediciones del estudio «El impacto de las pantallas en la vida familiar». Así como el apoyo recibido del proyecto «Por un uso Love de la tecnología», de Orange.

A aquellos que a título particular o desde sus empresas, de modo desinteresado, pusieron todo lo que estaba en su mano para apoyarnos: Gonzalo R., en Google España; Antonio G., Paula R. y Rafa R., en DOG Comunicación, y Rodrigo M., en ISDI.

A todos los que habéis formado parte de nuestra Parent's Academy durante estos años, o de las entrevistas en pódcast o artículos que han hecho accesible a todos el conocimiento (y que no os podéis perder en Spotify, en IGTV o en nuestra web), y que podemos decir que os consideramos amigos del proyecto: Marian Rojas, Patricia Ramírez, Silvia Álava, Rafa Guerrero, Gabriela Paoli, María Salmerón, Álvaro Varona, Juan García de Blogoff, el youtuber Luzu, Berta Bernad, Javier García-Manglano, Antonio Milán, Blanca Elía, José Antonio Luengo, Fernando Sarráis, Ana Mas, Luis G. Rojas, Marta García Aller, Silvia Barrera, Arancha Ruiz, Sebastián Lora, María León...

A los miles de padres y madres que formáis parte de la comunidad de Empantallados. También a todos los profesores y tutores que contribuís a ayudar a las familias a educar y que, en tantas ocasiones, nos habéis escrito solicitando ayuda para mejorar las cosas.

También a nuestro editor en Penguin Random House, Oriol M., que nos dio esta maravillosa oportunidad de plasmar nuestras propuestas y que confió en este libro desde el primer momento.

Y a ti, querido lector, que has llegado hasta aquí. ¡Ahora comienza la aventura!

A pesar de la larga lista, seguro que se nos han quedado nombres en el tintero. A todos vosotros, ¡GRACIAS!

Este libro no termina aquí. Si quieres, puedes escribirnos a libro@empantallados.com, y, por supuesto, seguirnos en redes sociales.

¡Hasta pronto!